LE GÉNÉRAL

SOUHAM

1760-1837

PAR

RENÉ FAGE

PARIS

ALPHONSE PICARD ET FILS, ÉDITEURS
Libraires de la Société de l'École des chartes
RUE BONAPARTE, 82

1897

LE GÉNÉRAL SOUHAM

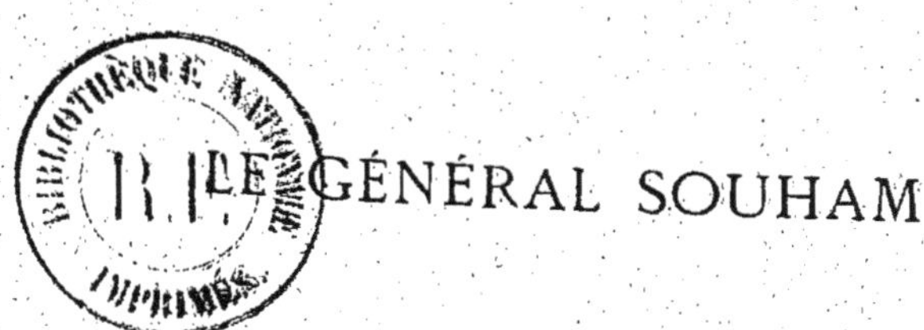

R.F.
SOUHAM

LE GÉNÉRAL

SOUHAM

1760-1837

PAR

RENÉ FAGE

PARIS

ALPHONSE PICARD ET FILS, ÉDITEURS

Libraires des Archives nationales et de la Société de l'École des Chartes

82, RUE BONAPARTE, 82

1897

AVANT-PROPOS

Dans la galerie militaire de la République et de l'Empire, après les officiers illustres et les principaux collaborateurs de Napoléon, au second rang, il est juste de placer le portrait du général Souham.

Sans instruction, sans autre éducation spéciale que celle qu'il avait reçue en qualité de cavalier du roi, il montra, dès sa promotion au généralat, des aptitudes incontestables pour le commandement : son énergie rétablit la discipline dans la garnison de Dunkerque et sauva la place.

Notre histoire lui doit plus d'une page glorieuse. Il a fallu des suspicions, qui nous apparaissent aujourd'hui insuffisamment justifiées, pour l'empêcher de remplir un des premiers rôles dans l'épopée impériale.

C'était un admirable soldat et un bon capitaine. Il a fait montre de capacités éminentes en battant Clerfayt et le duc d'York, en tenant en échec, pendant toute une campagne, et en forçant à la retraite le duc de Wellington. Les villes fortes de Menin, de Courtray, de Nimègue et de Gérone sont tombées entre ses mains. C'est à lui que revient l'honneur de la victoire de Tourcoing. Il s'est distingué, entre nos meilleurs généraux, dans la meurtrière bataille de Lutzen, et a arrosé de son sang la plaine de Leipsick. Il avait au suprême degré le courage militaire.

Le courage civique lui a fait défaut. Comme beaucoup d'autres serviteurs de l'Empire, — mais d'une façon plus impardonnable peut-être, — il a trahi la cause que son devoir lui imposait de défendre, alors surtout qu'elle était liée à la cause même de la France. En abandonnant Napoléon à Essonne, il a obéi aux suggestions des alliés. Les ressentiments qu'il nourrissait depuis long-temps contre l'Empereur, les disgrâces dont il avait été l'objet et qui motivaient ses défiances, la crainte d'un danger personnel, peuvent expliquer sa conduite, mais ne la justifient pas. Il a mal terminé une longue carrière toute faite de gloire et de patriotisme.

Jusqu'à la fin de ses jours, Souham a porté le poids de sa faute. De plus habiles que lui ont tiré profit de leur défection, se sont partagés le pouvoir, les hauts commandements et les dignités, sous la dynastie restaurée. Après comme avant, il est resté au second plan et a servi utilement son pays.

S'il fallait étudier en détail chacun des hommes de la Révolution, et ne conserver le souvenir que de ceux dont la vertu est sans tache, combien peu résisteraient à l'examen ! Les hommes sont faits à l'image du temps où ils vivent; ils portent l'empreinte de ses grandeurs et de ses défaillances.

Le général Souham est un de ces hommes. Pour une faute, — quelque grave soit-elle, — on ne doit pas oublier les brillants services qu'il a rendus à la Patrie. S'il n'a qu'une simple pierre pour recouvrir son tombeau, son nom est gravé sur l'arc de triomphe de l'Etoile.

CHAPITRE I

Origine des Souham. — Les Dandaleix. — Les frères et les sœurs du futur général. — La date et le lieu de sa naissance. — Sa taille, son bégaiement. — Cuirassier du roi. — A-t-il été gendarme ? — Garde national, fils de bourgeois et notable. — Le conventionnel Chambon et l'abbé David. — L'assaut du club des Amis de la Révolution. — Duel de Souham. — Sa brouille avec Chambon. — Souham au château de Lubersac.

La famille Souham paraît être originaire de Saint-Bonnet-la-Rivière; elle y est mentionnée sur des actes publics de la première moitié du xviiie siècle [1]. Joseph Souham, père du général, habitait Juillac depuis peu de temps, quand son union avec Marie Dandaleix, célébrée le 4 octo-

---

[1] Note de M. Julien Duteillet de Lamothe.

bre 1751, l'attira et le fixa à Lubersac [1]. Il était alors âgé de vingt-neuf ans.

Marie Dandaleix appartenait à une ancienne famille de Lubersac, qui avait ajouté à son nom celui d'un ténement voisin et s'appelait Dandaleix de Frémont. Sa mère, Antoinette Triviaux, était proche parente d'un archiprêtre de Lubersac, Sylvain Triviaux, qui testa en 1701. Sa grand'-mère, Jeanne de Bigorie, était la fille de Pierre de Bigorie, avocat en la cour, juge de la baronnie de Bret et agent général des affaires du marquis d'Hautefort. Baptisée le 24 mai 1727, Marie Dandaleix avait eu pour parrain son oncle François de Bigorie, qui avait succédé à son père dans ses fonctions de judicature, et pour marraine sa tante Marie Triviaux. Elle tenait, par sa grand'mère, à Pierre Bigorie du Chambon, père du conventionnel Aubin Chambon, et, par les Drapeyron, à l'abbé David, qui prit une part active au mouvement révolutionnaire dans la Corrèze. Cette

-----

(1) Voici l'acte de mariage en date du 4 octobre 1751 : « Le quatrième du susdit mois et an, après la publication des bans et les fiançailles, et avoir reçu le consentement de Messieurs les curés de Juilhac et Saint-Bonnet, j'ay conjoint en mariage et donné la bénédiction nuptiale à sieur Joseph Souham, habitant du bourg de Juilhac et à demoiselle Marie Dandaleix, de celui-cy. Présens, Gabriel Douèves du Puy Tugeat, Jacques Drapeyron et autres leurs parens qui ont signé avec lesdits époux. — Signé : Villouviers, archiprêtre, Dandaley, Souham, Puytujat, David, Lauvye, La Faucherie. » Arch. com^{les} de Lubersac : Registre des mariages, baptêmes et enterrements.

parenté ne fut pas sans influence sur les destinées de Souham.

Sept enfants naquirent du mariage de Joseph Souham avec Marie Dandaleix [1]. Les deux pre-

---

(1) I. — « Le huitième dudit mois et an (mars 1754) est né et a été baptisé Joseph Souam, fils de Mr Joseph Souam, bourgeois, et de demoiselle Marie Dandaleyx, son épouse. A été parain M. Joseph Souam, oncle, et maraine demoiselle Jeanne Dandaleyx de Lauvie, qui ont signé avec moy. — Signé : Souham, Dubursor (?) et Lascouls, vicaire. » Joseph Souham, 1er du nom, mourut le 16 septembre 1765.

II. — « Le mesme jour, an que dessus (27 mai 1755) a été batisé Gabriel Souhant, fils de sieur Joseph Souhant et de Marie Dandaleix, son épouse, né le jour précédent. Parain, Gabriel Donève de Puy Tujat, cavalier de maréchaussée, résidant en la ville d'Uzerche, et maraine, demoiselle Jeanne Dupuid, par procuration Jeanne Dandaleix, qui ont signé. — Signé : Puy-Tujat, Jeanne Dandaleix et P. Villouviers archiprêtre. » Gabriel Souham mourut le 17 février 1763.

III. — « Le sizieme jour du mois d'août, l'an mil sept cent cinquante-sept, est née et a été baptisée Marie Souan, fille de Mr Joseph Souan, bourgeois de la présente ville, et de demoiselle Marie Dandalayx, son épouse. Parain, Mr François Dandaleyx Triviaux, maraine, demoiselle Marie Triviaux, qui ont signé au registre avec moy. — Signé : Dandaleix, Triviaux et Lascoulx, prêtre. »

IV. — « Même jour et an que dessus (8 février 1759), est né et a été baptisé Silvain Souham, fils de M. Joseph Souham, bourgeois et de demoiselle Marie Dandaleix, son épouse. Parain Silvain Triviaux, bourgeois, maraine demoiselle Catherine Authier, qui ont signé avec moi les présentes. — Signé : Pineau vicaire, Trivioux, Lacoste de Autier. »

V. — « Le trente du susdit mois et an (30 mai 1760), est né et a été baptisé JOSEPH SOUHAM, fils d'autre Joseph Souham, bourgeois, et de demoiselle Marie Dandaleix, son épouse. Parain sieur Joseph Souham frère, maraine demoiselle Anne Louvie, qui ont déclaré ne savoir signer. — Signé Pineau, vicaire. »

VI. — « Le vingt-sept du mois d'août l'an mille sept cent soixante-et-un, a été baptisé Pierre-Jean Suant, fils de Joseph Suant et de Marie Dandaleix, son épouse. Le parain a été Pierre Triviaux, et Jeanne Dandaleix la mareine, qui ont signé. — Signé : Triviaux et Rapin vicaire. »

VII. — « Le trois du susd. mois et an (octobre 1763), a été baptisé Annet Souham, né de hier, fils de Joseph Souham, bourgeois et de Marie Dandaleix, son épouse. A été parain Annet Laviale, maître chirurgien, et maraine Antoinette Triviaux, qui ont signé avec moi. — Signé : Pineau vicaire. »

(Arch. communales de Lubersac.)

miers moururent en bas âge. Joseph qui avait été baptisé le 30 mai 1760 [1], se trouva, après le décès de ses frères, le cadet des garçons. Il perdit son père le 11 août 1770.

Ce fils de petit bourgeois [2] se destina à l'état militaire. Il était doué d'une vigueur exceptionnelle et avait une taille de plus de six pieds [3]. Un

---

(1) Son acte de baptême ne laisse aucun doute sur le lieu et la date de la naissance du général Joseph Souham. Il est né à Lubersac le 30 mai 1760, et a été baptisé le même jour. C'est donc par erreur :

1° Que le *Cornélius Népos français, Histoire des guerriers célèbres depuis 1792 jusqu'à nos jours*, publié dans les premières années de notre siècle, le dit né à Tulle, en 1761 ;

2° Que Louis-Théodore Juge, dans son *Dictionnaire biographique du Limousin*, manuscrit, dit qu'il est né le 31 avril 1760 ;

3° Que ses États de services et l'inscription gravée sur le cadre de son portrait au Musée de Tulle, donnent la date du 30 août 1760 ;

4° Que le décret du 15 mars 1810, par lequel il est créé comte de l'Empire, donne la date du 30 mai 1761 ;

5° Que les décrets qui lui confèrent les dignités de grand-officier et de grand croix de la légion d'honneur, portent qu'il est né le 30 avril 1760 ; date donnée par MM. Foucart et Finot (*La Défense nationale dans le Nord de 1792 à 1802*, t. II, p. 27).

6° Que l'ouvrage intitulé *Victoires, conquêtes, désastres, revers et guerres civiles des Français, de 1792 à 1815*, dit qu'il est né à Tulle, le 30 avril 1760.

D'après la tradition, Souham serait né dans une maison sise sur la place de l'église, ayant appartenu pendant longtemps à la famille Roumégoux, appartenant aujourd'hui à M. Dumas. La vieille porte de cette maison est ornée d'un écusson (Renseignements donnés par M. Trimouillas, notaire à Lubersac).

(2) Dans son *Historique des Bataillons de volontaires de la Corrèze*, p. 27, M. Léon Vacher dit que Souham était fils d'un cultivateur de Lubersac, et une note du dossier du général aux Archives de la Guerre porte que, « d'après sa déclaration, il était cultivateur avant d'entrer au service. » Mais les actes de baptême, que nous avons reproduits en note, établissent que son père avait le titre de bourgeois ; sa mère était alliée à des familles de petite noblesse du pays. Le futur général a signé, en qualité de notable, des délibérations du corps de ville de Lubersac, en 1792 (Voir le registre des délibérations du Conseil général de la commune de Lubersac).

(3) Quelques biographes lui donnent une taille de 6 pieds 2 pouces. Le contrôle de sa compagnie, aux Archives de la Guerre, indique une taille de 6 pieds.

bégaiement très prononcé, qui aurait été un obstacle dans d'autres professions, ne pouvait être d'une grande gêne dans la carrière des armes où sa naissance obscure ne lui permettait de prétendre qu'aux grades subalternes. Il avait près de vingt-deux ans quand il s'enrôla, le 17 mars 1782, dans le 8e régiment de cavalerie qui devint bientôt le régiment des cuirassiers du roi. Son service dans cette troupe d'élite ne fut marqué par aucun incident. Congédié à la fin de l'année 1786[1], il rentra à Lubersac où il résida jusqu'au mois de septembre 1792.

Sa vie, pendant les six années qui suivirent sa sortie du régiment, est assez obscure. On a dit qu'il était entré dans le corps de la maréchaussée, qui se recrutait parmi les anciens cavaliers, et qu'il était gendarme à Lubersac au commencement de la Révolution [2]. Le gendarme Souham nous paraît être un personnage légendaire. Les documents contemporains, que nous avons consultés, ne lui donnent pas une seule fois ce titre. Au mois de novembre 1790, il est condamné à

---

(1) Ces dates sont prises sur les états de services de Souham. Entré, le 17 mars 1782, dans la compagnie Thilorien du 8e régiment de cavalerie, il y resta, sans mutation, simple soldat, jusqu'à la fin de 1786 (Arch. de la Guerre).

(2) Comte de Scilbac. *Les Bataillons de volontaires de la Corrèze*, p. 92. — M. Arthur Chuquet. *Les Guerres de la Révolution; Hondschoote*, p. 241.

trente livres d'amende pour avoir chassé et tué
un lièvre sur la propriété d'un de ses voisins [1] ;
la plainte et l'instruction de cette affaire ne men-
tionnent pas sa profession ; le dénonciateur, ses
témoins et le juge de police n'eussent pas manqué
de relever sa qualité de gendarme comme une
cause d'aggravation du délit. Le 25 juin 1791,
après une échauffourée qui émut vivement la petite ville de Lubersac, Souham et son cousin
Chambon, qui faisaient partie l'un et l'autre de la
Société des Amis de la Révolution, s'adressèrent
aux administrateurs du district d'Uzerche pour
leur demander l'envoi d'un détachement de gardes
nationaux et de troupes de ligne [2] ; assurément,
ce n'était pas là le rôle d'un gendarme. Le 11 décembre suivant, la garde nationale de Lubersac
est organisée ; en tête de la liste des citoyens qui
la composent, après les noms des officiers, on lit
le nom de Joseph Souham. Quelques habitants de
la localité y figurent avec la qualification de gendarme ; aucune indication de ce genre n'est faite
pour le futur général [3]. Enfin, quatre délibérations du Conseil de la commune, relatives à l'émis-
sion de billets de confiance et à l'achat de grains,

---

(1) Archives communales de Lubersac : Registre des audiences
de la municipalité, 26 et 27 octobre 1790, fos 1er et s.

(2) Arch. communales de Lubersac : Registre des délibérations
du Conseil général de la commune de Lubersac, fo 31.

(3) Arch. communales de Lubersac : Registre des audiences de la
municipalité, dernier feuillet.

des mois de mai, juin, juillet et août 1792, portent, à côté des signatures des officiers municipaux, celle de « Souham notable » [1].

Il doit en être de la fable du gendarme de la Révolution comme de celle du fils de cultivateurs. Le général Souham est issu d'une famille bourgeoise et il était un des notables habitants de la ville de Lubersac, lorsque les votes de ses compatriotes le mirent à la tête du deuxième bataillon de volontaires de la Corrèze.

Nous avons indiqué les liens de parenté qui l'unissaient au conventionnel Chambon ; il devint, en quittant le régiment des cuirassiers du roi, le satellite de ce personnage. Aubin Bigorie du Chambon sortait d'une maison qui s'était distinguée depuis longtemps par ses bons services et sa fidélité envers le roi. Son grand-père maternel, Etienne de Chaumont, avait été sous-intendant du Limousin. Une sœur de sa mère avait épousé le marquis de Lubersac. Ses sœurs étaient entrées, par leur mariage, dans des familles nobles. Des querelles de jeune homme, des froissements d'amour-propre le jetèrent en dehors de la voie qui lui semblait tracée [2]. Il s'irrita contre la no-

---

(1) Arch. communales de Lubersac : Registre des délibérations du Conseil général de la commune ; délibérations des 13 mai, 12 juin, 11 juillet et 31 août 1792.

(2) Comte de Seilhac. *Scènes et Portraits de la Révolution en Bas-Limousin,* pp. 433 et s.

blesse des environs, se fit des partisans parmi les mécontents, les déclassés et les ambitieux, attira dans son groupe son cousin Souham que les aventures bruyantes ,n'effarouchaient pas et qui pouvait donner au besoin, dans une affaire, un vigoureux coup de main.

L'abbé David était de la famille et l'un des plus exaltés de la bande [1]. Cet ecclésiastique « excellait aux pamphlets, dit le comte de Seilhac; il en couvrit Lubersac et tous les lieux voisins. La

---

(1) Pierre Drapeyron de David, né à Lubersac en 1749, avait été curé d'Arnac-Pompadour (nommé à cette cure en 1773, d'après M. l'abbé Poulbrière, *Diction. des paroisses*, t. 1, p. 574, ou en 1776, d'après le *Pouillé* de Mgr d'Argentré). L'abbé Legros a dit qu'il était Doctrinaire (*Catalogue mss. des prêtres du diocèse*). Prêtre turbulent, curé constitutionnel d'Uzerche (M. l'abbé Poulbrière, *ibid.*), il devint membre du comité de Salut public de cette ville. On a dit à tort qu'il fut vicaire général de l'évêque constitutionnel de Limoges. La vérité est qu'en 1803 il avait été désigné pour remplir ces fonctions; mais sa nomination ne put être signée. Compromis, comme on le verra plus loin, dans le complot de Pichegru et de Moreau contre le premier consul, David était, à cette époque, détenu au Temple. Le 3 pluviôse an XI, l'évêque de Limoges écrivait à ce sujet au préfet de la Haute-Vienne : « J'ai reçu aujourd'hui une lettre du Conseiller d'Etat Portalis, dans laquelle il m'annonce que M. Drapeyron-David étant enfermé par l'ordre du Gouvernement, il ne serait pas convenable de le présenter comme vicaire général, et il me demande d'en nommer un autre. Mon choix est tombé sur M. Bigaud, curé de Morterolles-Senard... » (*Arch. de la Haute-Vienne*, V, 1091). M. l'abbé Lecler, en nous donnant les renseignements qui précèdent, ajoutait : « J'ai un certain nombre de pièces signées des quatorze vicaires épiscopaux, dans tout le cours des années 1791 et 1792. Le nom de David ne se trouve sur aucune. Peut-être aura-t-on confondu avec un autre personnage du même nom, qui eut des rapports avec l'évêque constitutionnel. C'est Jean-Baptiste Drapeyron, qu'on croit avoir été ordonné par l'évêque constitutionnel; il résidait à Limoges en 1802 et s'y maria, après le concordat, avec Jeanne Thomas. Vers 1810, il faisait le commerce de la librairie et se qualifiait : officier invalide et membre de la Légion d'honneur. Ces indications sont données par l'abbé Legros, dans son *Catalogue des prêtres du Diocèse.* » L'abbé Pierre Drapeyron de David mourut à Lubersac en 1832.

maison de Lubersac, les amis honorables de cette maison très distinguée y étaient flagellés sans pitié ; le président de Beaune de Lafrangne, entre autres, y était cruellement traité [1]. Les attaques de l'abbé ne restaient pas sans ripostes. Le camp opposé se servait des mêmes armes et rendait coup pour coup. Les hostilités étaient donc commencées et les partis avaient pris position à Lubersac quand la Révolution éclata. Souham était du côté des révolutionnaires.

Nous le trouvons avec Chambon au club des amis de la Révolution, lorsqu'un groupe de royalistes leur donna l'assaut, le 26 juin 1791. Le sang coula. Chambon se sauva, dit-on, par une fenêtre. Souham et lui, craignant un retour offensif, firent appel à la garde nationale d'Uzerche. Sur leur demande, un détachement fut envoyé par les administrateurs du district au secours des patriotes de Lubersac [2]. En présence de ce déploîment de forces, la tranquillité se rétablit.

Il ne resta pas longtemps attaché à la fortune de Chambon. Les deux amis rompirent avec éclat et apportèrent dans leur animosité toute la fougue de leur caractère. Leur querelle se vida sur le terrain. Souham, trois fois blessé, ne cessa le

---

(1) Comte de Seilhac. *Scènes et Portraits...*, p. 435.
(2) Arch. communales de Lubersac : Registre des délibérations du Conseil général de la commune, f° 31.

combat que lorsqu'il ne put tenir son épée[1]. Il s'était séparé de Chambon, mais il demeura fidèle à sa cause et la servit avec dévouement, sans faiblesse comme sans violence.

A la nouvelle de la fuite du roi et de son arrestation à Varennes, une vive émotion gagna le pays. L'Assemblée fit courir le bruit que Louis XVI avait été victime d'un enlèvement de la part des ennemis de la Constitution. Pour éviter le retour d'une pareille tentative, les sociétés populaires demandèrent aussitôt le désarmement des aristocrates. Quelques communes s'empressèrent d'ordonner le recensement des armes et des munitions. Dès le 26 juin 1791, les officiers municipaux de Tulle avaient enjoint aux citoyens de faire la déclaration de toutes celles qu'ils détenaient, et, dans les premiers jours de juillet, ils avaient envoyé dans les châteaux des environs des commissaires et des gardes nationaux chargés de se faire représenter et remettre les fusils, les pistolets et les sabres qui s'y trouvaient[2]. L'exemple donné par le chef-lieu fut suivi par d'autres localités du département de la Corrèze. M. de Braschet, an-

---

(1) Comte de Seilhac. *Les Bataillons de volontaires de la Corrèze*, p. 92.
(2) Arch. communales de Tulle : Registre des délibérations du corps municipal.

cien lieutenant général, qui résidait au château
de Lubersac, n'ayant pas obéi aux sommations
qui lui avaient été adressées par la municipalité,
un délégué du corps de ville, accompagné de gardes nationaux, se présenta chez lui pour opérer
une perquisition. Il leur ouvrit les portes du château, les conduisit dans les salles où étaient ses
panoplies et assista, sans protester, à l'enlèvement
de ses armes. Quand l'opération fut terminée, il
les introduisit dans son cabinet de travail. Prenant
alors son épée, il la tira vivement du fourreau et
la leva au-dessus de sa tête : « Celle-ci, dit-il,
c'est mon épée de Fontenoy ; vous ne l'aurez
qu'avec ma vie. » — « Et avec la mienne », cria
le garde national Souham, en tirant son sabre et
allant se placer devant M. de Braschet, pour lui
faire, au besoin, un rempart de son corps [1].

Ce trait hardi et généreux, qui a été transmis
par la tradition, put déplaire au commissaire de
la commune de Lubersac ; il fit plus pour la popularité de Souham que toutes ses agitations anté-
rieures dans le camp des Chambon et des David.

---

[1] Comte de Scilhac. *Les Bataillons de volontaires...*, p. 93.
Nous n'avons trouvé, dans les Archives communales de Lubersac,
aucune mention de cet incident. Il est difficile de contrôler aujour-
d'hui la tradition recueillie par le comte de Scilhac.

CHAPITRE II

Les émigrés s'assemblaient à Coblentz et l'Europe monarchique préparait son alliance contre la Révolution française, lorsque l'Assemblée constituante, à la veille de se dissoudre, décida la levée des bataillons de volontaires. Un premier décret, en date du 13 juin 1791, avait ouvert « dans chaque département, une conscription libre de gardes nationales de bonne volonté dans la proportion d'un sur vingt. » Après l'arrestation du roi à Varennes, une levée de 100,000 volontaires fut ordonnée, et un décret du 17 août en réglementait l'organisation : chaque bataillon, commandé par un lieutenant-colonel en premier et un lieutenant-colonel en deuxième, devait avoir cinq cent soixante-quatorze hommes divisés en neuf compagnies ; les compagnies nommaient leurs officiers et le bataillon nommait les deux lieutenants-colonels.

Le premier bataillon formé par le département de la Corrèze élut Delmas pour lieutenant-colonel en premier et Martin (de Brive) pour lieutenant-colonel en second. Il alla rejoindre l'armée du Rhin.

Un deuxième bataillon devait être levé en février 1792. L'enthousiasme, qui avait poussé aux engagements de 1791, paraissait refroidi. Malgré les appels des fonctionnaires des districts, le bataillon avait de la peine à se compléter [1]. Mais après que, le 11 juillet 1792, l'Assemblée législative eut déclaré la patrie en danger, un grand élan patriotique se produisit dans la Corrèze. Les jeunes gens des campagnes se portèrent en foule aux bureaux d'inscription de leurs municipalités. En

---

(1) Lettres du Directoire d'Uzerche. — Comte de Seilhac. *Les Bataillons de volontaires...*, pp. 80-83.

quelques jours, le nombre des enrôlés était assez considérable pour composer deux bataillons. Dans sa séance du 14 août, le Conseil général du département arrête « qu'il sera formé deux bataillons : l'un composé du district de Brive et d'Uzerche (c'est le deuxième bataillon de la Corrèze), et l'autre (le troisième) du district de Tulle et Ussel » [1].

Le 16 août, l'organisation du deuxième bataillon est complète ; il a prêté le serment de maintenir la liberté et l'égalité, de défendre son drapeau et de se conformer aux règles de la discipline militaire [2]. Jean Peyredieu, de Meyssac, est nommé premier lieutenant-colonel, et Joseph Souham deuxième lieutenant-colonel. A peine armé et équipé, le deuxième de la Corrèze partit de Tulle, le 11 septembre, et se dirigea sur Meaux. Pendant la route, Peyredieu ayant donné sa démission, Souham prit le commandement du bataillon (15 septembre 1792) ; Pierre Laborie, de Voutezac, fut élu lieutenant-colonel en deuxième. Le 10 octobre, le bataillon arrivait à Meaux.

A partir de cette date et jusqu'à la fin de 1792, il est difficile de préciser le rôle qu'il a joué. Les docu-

---

(1) Arch. de la Corrèze : Registre des délibérations du Conseil général.

(2) Arch. de la Corrèze : Registre des délibérations du Conseil général, séance du 17 août 1792.

ments des Archives de la Guerre n'indiquent pas sa situation ; il ne figure pas sur les états de l'armée du Nord ; le registre de contrôle du corps ne contient le nom d'aucun blessé dans les différents combats livrés pendant cette période. Nous le trouvons mentionné pour la première fois, à la date du 8 janvier 1793, comme tenant garnison à Bruxelles sous le commandement du général Moreton [1].

On a attribué à Souham [2] un trait de courage qui doit être mis, plus vraisemblablement, au compte du lieutenant-colonel Treich-Desfarges, commandant le troisième bataillon. C'était après les premières étapes de nos volontaires. Les officiers municipaux de Nemours avaient dénoncé à la Convention certains excès qu'ils avaient commis. Le commandant du bataillon fut mandé à la barre de l'Assemblée. Quand on eut donné lecture de la plainte de la municipalité de Nemours, le commandant demanda la punition des volontaires coupables, mais aussi la mise en jugement de Marat qui, par ses accusations contre le général en chef de l'armée du Rhin, paralysait l'autorité des chefs et encourageait ainsi les soldats à l'in-

---

(1) Comte de Seilhac. *Les Bataillons de volontaires*, p. 95.
(2) Comte de Seilhac. *Ibid.*, p. 149.

discipline. Le *Moniteur* du 23 octobre 1792 enregistrait en ces termes l'incident :

« Le commandant du bataillon de la Corrèze, dénoncé par la municipalité de Nemours, demande une justice prompte contre les volontaires coupables. Il dénonce Marat comme un homme sanguinaire qui, dans ses feuilles, conseille chaque jour le meurtre et l'assassinat et la révolte aux lois.

» De nombreux murmures s'élèvent et plusieurs membres demandent que le pétitionnaire soit rappelé au respect qu'il doit à tous les représentants du peuple. D'autres membres réclament pour le droit de pétition sur ce que le pétitionnaire dénonce Marat sous le rapport de son journal et non sous celui de député à la Convention. Quelques-uns, enfin, sur ce que les députés qui sont inviolables, ne doivent pas être indénonçables, Après quelques débats, le pétitionnaire, autorisé à poursuivre, demande que Marat, décrété d'accusation, soit jugé, comme Louis XVI. »

Souham était assez hardi pour s'en prendre à Marat, mais son bégaiement l'empêchait de parler en public ; il n'aurait pu formuler la dénonciation résumée dans le *Moniteur*. On ne peut l'attribuer à l'un de ses lieutenants, car le procès-verbal de la séance dit que le commandant a comparu en personne. Au surplus, le deuxième bataillon, depuis son départ de Tulle, s'était signalé par sa discipline ; son chef ne pouvait pas demander la punition des coupables. Le troisième bataillon, commandé par Treich-Desfarges, était cantonné, depuis le 5 octobre, dans le département de Seine-et-Marne ; il avait marqué sa route par des déprédations et laissé, dans les étapes, de nombreux déserteurs. Des trois bataillons de la Corrèze, il était le plus difficile à mener. Treich-Desfarges, lui-même, avait signalé ses actes d'indiscipline, dès le 15 octobre, aux administrateurs du département [1]. Avant d'être élu lieutenant-colonel, Treich s'était fait entendre dans les clubs. Il savait parler et écrire. C'est donc à lui, très probablement, que revient l'honneur d'avoir, en pleine Convention, dénoncé l'influence funeste de Marat.

Pendant que le troisième bataillon campait aux environs de Meaux, il est à croire que Souham et ses volontaires travaillaient à la conquête de la Belgique. Un écrivain militaire mentionne, en effet, le deuxième de la Corrèze parmi les troupes qui combattirent, le 6 novembre, à Jemmapes [2], et M. Vacher, plus précis, détermine sa position de combat. « Dumouriez, dit-il, avait formé trois colonnes de son armée... au centre, il avait placé

---

(1) Comte de Scilhac. *Les bataillons de volontaires...*, p. 149.
(2) *Histoire des régiments de l'armée française depuis 1791 jusqu'en 1858*, par le capitaine Sicard. Mss. des Arch. de la Guerre.

le duc de Chartres ; il s'y tenait de sa personne,
prêt à appuyer celle de ses ailes où le succès se
dessinerait. Il avait composé cette colonne du centre de ses meilleures troupes ; il y avait mis de
vieux régiments qui avaient fait la guerre de sept
ans, le régiment d'Auvergne, les hussards de Ber-
chiny ; il y avait fait entrer quelques bataillons de
volontaires d'élite, de ce nombre le deuxième bataillon des volontaires de la Corrèze, que le coup d'œil
militaire de Dumouriez avait tout de suite distingué. La rude main de Souham les avait discipli-
nés ; à cette époque, où il fallait tout improviser
pour la défense, ils étaient devenus, en quelques
semaines, d'assez bons manœuvriers, surtout
d'excellents marcheurs ; en vingt-quatre jours, ils
avaient parcouru la distance de Tulle au camp de
Soissons, laissant seulement trois hommes à l'hô-
pital après cette marche forcée de 140 lieues » [1].

La victoire de Jemmapes nous ouvrit la Belgique. Délivrés des Autrichiens, les Belges reçurent
nos soldats avec enthousiasme. Le deuxième de
la Corrèze était à Bruxelles le 8 janvier 1793 [2].

---

(1) M. Vacher. *Historique des Bataillons de volontaires de la
Corrèze*, p. 29.

(2) D'après M. Léon Vacher, le deuxième bataillon de la Corrèze
fut envoyé à Liège après la bataille de Jemmapes, et il y tint garnison de décembre 1792 à mars 1793. Nous devons nous borner à si-
gnaler cette contradiction avec le renseignement donné par le comte
de Seilhac, aucun des deux écrivains n'ayant fait connaître ses
sources.

Un mois après, il fut incorporé dans la vingt-deuxième demi-brigade avec le 71e de ligne et le troisième bataillon du Lot. Il ne devait pas rester longtemps au repos.

L'exécution de Louis XVI avait soulevé contre la France l'Angleterre, la Hollande et l'Espagne ; déjà, nous étions aux prises avec l'Autriche, l'Allemagne, la Prusse, le Piémont et Naples ; la Vendée s'agitait. William Pitt dirigeait la première coalition. Dumouriez, qui rêvait d'une restauration monarchique et se croyait, après son succès de Jemmapes, l'arbitre des destinées de la France, est obligé d'évacuer la Hollande qu'il venait d'envahir ; il livre à l'armée autrichienne la bataille de Nerwinde où il est écrasé par le nombre (18 mars). Les volontaires de Souham, au centre, soutinrent vaillamment le choc de l'ennemi. Mais l'aile gauche enfoncée entraîna le reste de l'armée. L'abandon de Bruxelles suivit de près cette défaite, et Dumouriez, que sa conduite suspecte avait perdu aux yeux de ses soldats, pour échapper à leur vengeance, passa dans le camp des Autrichiens (4-5 avril).

Dampierre, qui succéda à Dumouriez, eut un heureux début ; le 1er mai 1793, il fit lever le siège de Valenciennes. Son avant-garde, qui comprenait le deuxième de la Corrèze, fit preuve d'un tel élan que le général en chef signala sa belle conduite à la Convention [1].

Le 8 mai, les volontaires corréziens furent chargés par le général de division Lamarche d'enlever les retranchements prussiens de Saint-Amand. Le combat dura près de quatorze heures. Le deuxième bataillon aborda l'ennemi à la baïonnette « ayant en tête son héroïque commandant Souham, marchant l'épée haute et le chapeau au bout de l'épée » [2]. Les commissaires de la Convention Varin et Cellier, témoins de la valeur de Souham, demandèrent, quelques semaines après, sa nomination au grade de général de brigade.

Une erreur singulière permit à un autre Limousin de profiter de la recommandation de Varin et de Cellier. Ces commissaires, qui avaient vu Souham à l'œuvre, envoyèrent, le 26 juillet 1793, au ministre Bouchotte une proposition d'avancement conçue en ces termes : « Laborye, colonel au bataillon de la Corrèze, bon républicain, connaissances militaires, capable de remplir les fonctions d'adjudant général, n'a d'autre défaut que d'être bègue et, par conséquent, de parler avec difficulté. » Laborie reçut son brevet. Mais le géné-

---

(1) M. Vacher. *Historique des bataillons…*, p. 40.
(2) M. Vacher. *Ibid.* p. 40.

ral Kilmaine, sous les ordres duquel se trouvait alors le deuxième de la Corrèze, écrivit à Bouchotte (5 août) pour lui dire qu'il croyait Laborie « d'un patriotisme bien scabreux » et pour l'engager à prendre des renseignements sur son compte. Bouchotte interrogea le commissaire Cellier qui reconnut s'être trompé de nom et avoir voulu désigner non Laborie, qui était lieutenant-colonel en deuxième, mais Souham, lieutenant-colonel en premier, le seul des deux qui fût bègue. « Nous avons commis une erreur de nom, sur la liste des officiers patriotes que nous vous avons adressée, écrivait Cellier au ministre de la guerre. Nous avons confondu les noms du chef et du sous-chef du bataillon de la Corrèze et en voulant vous désigner Souham nous avons désigné Laborye. Je m'empresse de réparer cette erreur en vous priant de substituer au nom de Laborye celui de Souham qui est le colonel du bataillon de la Corrèze dont le patriotisme est aussi pur que bien prononcé. Il a, en outre, des connaissances militaires, et c'est d'après toutes ces considérations que nous vous l'avons désigné comme capable de faire un excellent adjudant général » [1].

Souham n'eut pas à souffrir de cette erreur, et

____

[1] Lettre de P. Cellier, commissaire à l'armée du Nord, au citoyen Bouchotte, ministre de la guerre, datée de Cambray, le 1er août l'an 2 de la République. (Arch. de la Guerre).

sa promotion n'en fut pas retardée. Dès le 26 juillet, en effet, elle était décidée. Le général Berthelmy, qui était parti comme capitaine au premier bataillon de la Corrèze et qui, ayant gagné les épaulettes de général, servait en qualité de chef d'état-major de Houchard, écrivit à Souham pour lui annoncer sa promotion. « Souham, disait-il, la devise du premier de la Corrèze sera la vôtre : point de quartier pour les tyrans ! point de capitulation ! Il ne faut pas survivre à la honte ; on meurt alors un million de fois. Du sang !... et toujours du sang !... » A Dunkerque, où il l'envoyait, il devait encourager les défenseurs de la place, gagner la confiance de la population, tenir à tout prix, tenir pendant huit jours encore. « Nous marchons à votre secours, ajoutait Berthelmy ; vous ne tarderez pas à entendre notre canon, et quand vous l'entendrez ronfler, il faudra redoubler d'audace, et, de concert avec nous, tomber sur l'ennemi à corps perdu ! » [1]

Le contrôle du deuxième bataillon, publié par le comte de Seilhac, porte que Souham fut promu général de brigade le 20 août 1793. Ses états de services donnent la date du 30 juillet. La lettre de

---

[1] Arch. de la Guerre, correspondances militaires ; lettre citée par le comte de Seilhac, pp. 102-103, et par M. Chuquet, *Hondschoote*, p. 242.

Berthelmy, que nous venons de citer, est du 27 juillet.

Laborie fut destitué le 5 septembre 1793[1]. Il avait été général pendant un mois.

---

(1) Arch. de la Guerre.

CHAPITRE III

Souham remplaçait, comme général de brigade,
O'Méara qui commandait Dunkerque et venait
d'être destitué sur la dénonciation de Ronsin. Il
quitta le camp retranché de Ghyvelde où il s'était
d'abord établi, et, après un combat d'artillerie

contre les troupes alliées (22 août 1793), se dirigea vers Dunkerque.

Le duc d'York avait conduit 33,000 Anglais, Hanovriens et Autrichiens autour de cette place. Le maréchal de Freytag et le prince d'Orange manœuvraient dans les environs. 160,000 hommes, tel était l'ensemble de l'armée à combattre. Mais les ennemis étaient disséminés et ses différents corps n'avaient pas de point de contact. Houchard, qui commandait en chef l'armée du Nord, reçut l'ordre de les attaquer successivement, avec toutes ses forces en une masse compacte. Pendant qu'il marchait contre Freytag, les troupes du duc d'York achevaient l'investissement de Dunkerque.

A son arrivée dans la place, Souham se présenta aux autorités militaires. Le général O'Méara et les membres du Conseil de guerre refusèrent de le reconnaître, sous le prétexte que sa nomination était irrégulière, n'émanant que de Berthelmy et non du ministre de la guerre ou du général en chef. Mais Souham était porteur de l'arrêté qui destituait O'Méara; il obligea ce général à cesser sur l'heure ses fonctions et prit en mains le commandement de la ville [1].

Sous ses ordres était le jeune général Hoche,

---

[1] M. Arthur Chuquet. *Les Guerres de la Révolution, Hondschoote*, p. 242, en note.

comme lui nouvellement promu [1]. Avec de pareils chefs, on pouvait compter sur une défense énergique.

Le 24 août, le comte d'Alton, à la tête d'une colonne ennemie, attaquait le poste avancé de Rosendaël et s'en emparait. Une sortie de la garnison, conduite par Souham et Hoche, les délogeait bientôt de ces positions [2]. Ce premier succès, remporté le lendemain même de son arrivée, valut à Souham la confiance de la municipalité. Mais le général avait fort à faire pour réprimer les actes d'insubordination de ses soldats et des habitants. Le maire le supplia de sévir contre les hommes

---

(1) Arrêté le 7 août, sur l'ordre de Kilmaine qui l'accusait d'avoir tenu des discours inciviques, Hoche avait été acquitté. Le 23 août, en l'envoyant à Dunkerque, le général Berthelmy écrivait : « J'ai donné à Souham, pour suppléer aux connaissances de détail qui pourraient lui manquer, un adjudant-général courageux et instruit », et il disait à Souham : « Vous pouvez tirer de Hoche le plus grand parti. »

Hoche se multipliait, enflammant la garnison, encourageant les travailleurs, excitant la population civile. « N'êtes-vous pas disposés, disait-il aux Dunkerquois, à faire pour votre liberté ce que vos pères firent pour un tyran ? N'écoutez pas les malveillants; reprenez au plus tôt le poste d'honneur que vous avez quitté; comptez sur la prudence du chef qui vous commande; vous n'avez rien à craindre. Et de quel œil vous verraient vos frères d'armes, qui, jour et nuit, font le coup de fusil, si vous entreprenez de vous déshonorer ! » Il déclarait que Souham incendierait Dunkerque plutôt que de capituler et que, si la garde nationale exigeait la reddition, il tournerait contre elle les canons destinés à combattre les traîtres comme les tyrans..... Aussi après le siège, Hoche reçut-il de toutes parts des compliments et des éloges. Souham, appelé au camp de la Madeleine, ne voulait d'autre second que Hoche qui lui inspirait la plus entière confiance par ses lumières et sa capacité. (M. Arthur Chuquet. *Hondschoote*, pp. 246, 248, 249.)

(2) MM. Foucart et Finot. *La Défense nationale dans le Nord, de 1792 à 1802*, t. II, p. 90.

de désordre et de contraindre les troupes à l'accomplissement de leur devoir; le Conseil général de la commune était disposé à lui donner son concours le plus dévoué; une discipline sévère pouvait seule assurer le triomphe de la résistance.

Souham avait la main ferme. La garnison ne tarda pas à s'en apercevoir, et le service de la place se fit avec régularité. A la population civile, il adressa une proclamation patriotique, lui proposant en exemple le sans-culotte Jean-Bart; il institua une commission militaire pour juger les délits, et menaça de lui déférer les auteurs de propos séditieux, les lâches qui parleraient de capitulation. « Patience ! courage ! disait-il. Espérons que sous peu de jours nous terrasserons peut-être les ennemis de la liberté ! » La municipalité fit immédiatement publier cette proclamation et l'accompagna des considérations suivantes :

« Le Conseil général de la commune permanent, pénétré de reconnoissance envers le général de brigade Souham pour les mesures vigoureuses qu'il est disposé de prendre à l'effet de ramener la discipline parmi les troupes : considérant que l'intérêt des habitants de cette commune euxmêmes exige qu'ils secondent les vues d'un officier qui veut le bien et le bon ordre, invite les habitants de Dunkerque à prendre la lettre ci-dessus en très grande considération. En conséquence, déclare qu'il déploiera sa surveillance la plus active pour qu'il ne se commette, de la part des citoyens de cette ville, aucune contravention aux dispositions annoncées par ladite lettre et que quiconque s'en rendroit coupable sera livré à toute la rigueur de la loi.....

» Ecoutez donc, citoyens, la voix d'un général qui veut vous sauver des fureurs de l'ennemi de votre Patrie : écoutez la voix de vos magistrats qui veulent votre bonheur, qui s'en occupent avec constance, mais qui ne pourroient vous le procurer si vous-mêmes y portiez obstacle » [1].

L'attitude de Souham et sa proclamation ne trouvèrent pas à Paris la même approbation qu'auprès de la municipalité dunkerquoise. Il « avait montré dans une lettre au Comité de Salut public, dit M. Chuquet, un peu d'inquiétude. On lisait dans sa proclamation que les Anglais allaient *bientôt peut-être* attaquer les murs de Dunkerque et que les personnes, *autres que les membres du Conseil de guerre,* qui parleraient de reddition, seraient punies de mort. Enfin, il avait assuré, dans une conversation, que Dunkerque tiendrait seulement cinq jours. Le Comité décida de remer-

---

(1) *Journal du siège de Dunkerque,* rédigé par la municipalité, journée du 30 août 1793, publié par MM. Foucard et Finot, t. II, p. 83.

cier quiconque ne voudrait pas répondre de Dunkerque. Le ministre écrivit que Souham n'était pas assez fort et assez ferme, que l'homme qui commandait une place de la République devait être un pur républicain, inaccessible à la crainte, résolu de périr plutôt que de capituler. Vainement Houchard objecta que Souham n'était nullement disposé à porter aux Anglais les clefs de la ville, qu'il avait répété le dire des officiers du génie qui raisonnaient mathématiquement et d'après les calculs des anciennes guerres de roi à roi, qu'il n'aurait pas tenu ce langage s'il avait eu plus d'expérience et plus de moyens défensifs [1] ; Souham fut suspendu [2].

Nous trouvons dans le Journal du siège, l'impression que produisit à Dunkerque la nouvelle de cette disgrâce :

« Vers huit heures et demie, le Procureur de la commune a dit que, venant du Conseil de guerre, il a appris que le général Souham venoit de recevoir l'ordre de remettre son commandement à l'officier chargé après lui de la défense de la place.

» Vers neuf heures est entré le général Souham qui a donné communication de la lettre qu'il venoit de recevoir du Comité de Salut public qui lui or-

---

(1) Lettre du général Houchard à Bouchotte, 5 septembre (Arch. de la Guerre).
(2) M. Chuquet, *Hondschoote*, pp. 243-244.

donne de remettre le commandement de la place
à celui qui commande après lui. A été arrêté de
convoquer à l'instant tous les membres absents.

» Vers dix heures, le Conseil général permanent assemblé avec les administrateurs du district
de Bergues réunis à Dunkerque, informé que le
commandement de la place de Dunkerque venoit
d'être retiré au général Souham : Considérant
qu'il est du devoir des administrateurs de donner
aux pouvoirs constitués tous les moyens possibles
d'écarter ce qui peut nuire à leur caractère et assurer la vérité des faits qui prouvent en leur faveur ;
considérant que, depuis sept jours que le général
Souham est dans la place, il a opéré des choses
qui ne pouvoient que donner de sa capacité et des
vues patriotiques et républicaines qu'il a manifestées, l'opinion la plus favorable ; considérant que
son premier pas dans la carrière qu'il a parcourue
dans les lignes de Dunkerque, a été de rétablir
la discipline militaire sans laquelle la force des
armées n'est rien ; considérant que, par ses discours, par ses actions, et par ses proclamations
publiques, il a usé de tous les moyens propres à
maintenir le courage des habitants, et à les déter-
miner à supporter avec résignation tous les efforts
de l'ennemi et les suites de l'attaque désastreuse
dont il menace ; considérant que par les connois-
sances qu'il a constamment prises soit en se trans-
portant sur tous les points des retranchements de

la place, soit par les renseignements particuliers qu'il a pris auprès des autorités, il s'étoit attiré la confiance du Conseil général et des habitants ; tout mûrement pesé, a arrêté qu'il seroit délivré au général Souham une attestation que tout dans sa conduite annonçoit les dispositions de défendre la place et de s'y conduire comme un bon et loyal officier ; duquel effet, expédition du présent arrêté sera délivré audit général Souham » [1].

De leur côté, les habitants ne cachaient pas la « peine sensible » que leur causait la suspension de Souham, et le commissaire de la Convention, Duquesnoy, demandait au Comité de Salut public de le réintégrer dans ses fonctions.

Un arrêté du 6 septembre lui rendit son commandement [2] ; mais il n'en n'avait pas reçu encore la notification lorsque, le jour même de la victoire d'Houchard à Hondschoote, la garnison de Dunkerque, conduite par Hoche, tombait sur les assiégeants, enfonçait leurs lignes et les mettait en fuite. Dunkerque était sauvée (9 septembre).

Le 11 septembre, Souham reprenait son commandement, et, six jours après, proclamait la levée du siège. La ville célébra sa délivrance.

-----

(1) *Journal du siège*, 2 septembre 1793 ; MM. Foucart et Finot, t. II, p. 87.

(2) Le successeur intérimaire de Souham fut le général de brigade Jacques Ferrand, qui commanda Dunkerque du 2 au 11 septembre 1793.

« Vers trois heures et demie de relevée, les Représentants du peuple, les Généraux, à eux joint la majeure partie du Conseil général de la commune, précédés et suivis de la cavalerie nationale citoyenne et de quelques chasseurs à cheval, sont sortis de la Conciergerie pour se rendre dans les différents endroits de cette ville et y publier la proclamation que la ville n'est plus en état de siège. A l'instant, la flamme et pavillon national ont été hissés, au bruit de toutes les cloches et du carillon, et le cortège s'est rendu sur la place de la Liberté, de là dans plusieurs autres places de la ville, basse ville et citadelle et finalement de la maison commune, et y a été fait et publié la proclamation du général Souham conçue en ces termes :

» Citoyens républicains, les satellites des despotes ont fui de devant vos murs ; votre courage a secondé celui des troupes ; vous avez vaincu vos ennemis ; votre territoire est libre comme vos personnes le seront toujours. La Patrie, qui vous retrouvera éternellement au chemin de l'honneur et du patriotisme, vous rend en ce moment à vos travaux ordinaires.

» Je déclare et proclame donc, que la place de Dunkerque n'est plus en état de siège et que les choses rentrent dans l'ordre prescrit par les lois générales de la République » [1].

---

(1) *Journal du siège*, 17 septembre ; MM. Foucart et Finot, t. II, p. 131.

C'est par cette proclamation de Souham que se termine le *Journal du siège*.

A la nouvelle de la délivrance de Dunkerque, la joie fut générale en France. « Journalistes, commissaires, représentants célébraient cette brillante victoire et les conséquences qu'elle devait entraîner..... Le *Père Duchesne* exultait : « Quelle fameuse danse l'armée du Nord vient de donner aux brigands qui ravageaient nos frontières ! Que doivent dire les Anglais, de se voir aussi bien étrillés ! » Les Commissaires de la Convention, Trullard et Berlier, rapportaient que les ennemis avaient fui comme des daims..... » [1].

Souham, destitué le 1er septembre, rétabli le 6, avait été promu divisionnaire le 13 du même mois. Houchard fut moins heureux que lui; destitué, mandé devant la Convention, il fut incarcéré, condamné à mort par le Tribunal révolutionnaire et exécuté.

Après la destitution de Houchard, Jourdan prit le commandement en chef de l'armée du Nord, de laquelle dépendait la division de Souham, et s'illustra bientôt à Wattignies (16 octobre 1793). Cobourg, qui cernait Maubeuge, leva en toute hâte le siège et passa la Sambre. Ne se sentant

---

(1) M. Chuquet, *Hondschoote*, pp. 259-260.

pas assez fort pour forcer le passage que défendaient toutes les troupes alliées, Jourdan ne se mit pas à leur poursuite. Il voulut les diviser. Pour cela, il lança en Flandre une armée sous les ordres de Souham[1], chargée de faire une diversion et d'attirer de ce côté une partie des coalisés. Sa manœuvre eut un plein succès. Souham, ayant sous ses ordres les généraux de brigade Daendels, Macdonald et Dumonceau, rencontre un corps de Hanovriens en avant de Menin. Nos troupes, encouragées par leurs récents triomphes, se jettent avec enthousiasme sur les lignes ennemies d'Alleux à Bailleul, la droite s'avançant sur Menin (23 octobre). Les Hanovriens, qui, pour couvrir la ville, s'étaient retranchés dans les villages de Willem et de Sailly, soutiennent énergiquement le choc de nos bataillons. Mais leurs pièces sont bientôt démontées et les troupes de Souham les attaquent à la baïonnette. Surpris par l'élan irrésistible des Français, les ennemis se débandent; cinq cents mettent bas les armes; les autres prennent la fuite et se réfugient dans Menin.

Sans perdre une minute, Souham fait ses dispositions d'attaque. Dès le 24, au matin, ses

---

[1] Après la levée du siège de Dunkerque, Souham avait succédé au général Beru dans le commandement du camp de la Madeleine. Il avait alors sous ses ordres les brigades Macdonald, Michel et Dumonceau. — MM. Foucart et Finot, t. II, p. 268.

canons commencent à bombarder la ville. La résistance ne fut pas longue; effrayés des conséquences d'un assaut, les Hanovriens quittent Menin, laissant leurs vivres, leurs munitions et d'immenses approvisionnements.

Un dessin de F. Grenier, lithographié par Charles de Lasteyrie, a perpétué le souvenir de cette action d'éclat. Le général Souham y est représenté au milieu de son état-major, à la tête de l'armée. Le bras levé, il montre la porte de Menin où il va entrer. A sa gauche, des artilleurs sont appuyés sur un canon. La ville, dans le fond, apparaît en perspective [1].

Souham ne s'arrête pas à Menin. Le 25 octobre, il lance sur Marchiennes une colonne qui, malgré un feu très vif des remparts, parvient jusqu'à la place et y pénètre après en avoir chassé les défenseurs.

Le but visé par Jourdan était atteint. Le duc d'York, en effet, à la nouvelle de la chute de Menin et de Marchiennes, avait quitté la Sambre, et, renforcé d'une division autrichienne, marchait sur Souham. Celui-ci ne s'exposa pas à la rencontre d'un ennemi trop supérieur en nombre; il reprit ses positions et ne fut pas inquiété.

---

(1) Collection de M. Clément-Simon.

Depuis sa nomination au grade de général de brigade, il avait pour aide de camp un de ses compatriotes, nommé Lavareille. Pendant la dernière campagne, il s'adjoignit un second aide de camp et avisa de cette détermination le ministre Bouchotte par la lettre suivante : « L'étendue considérable qu'occupe la division que je commande, depuis Bailleul jusqu'à Arleux, jointe au commandement de la division de Cassel et de Dunkerque, m'oblige à prendre un deuxième aide de camp, qui est le citoyen Douceau, capitaine au 2e bataillon de la Corrèze..... Je te prie de compter sur mon activité, sur ma haine pour les rois et les fanatiques, sur mon mépris pour les charlatans, enfin sur mon amour pour la vertu, l'égalité et la fraternité[1]. » Le capitaine Doussaud, comme Souham, était originaire de Lubersac.

De cette époque date l'amitié de Souham pour Macdonald. Ils avaient combattu ensemble, sous les ordres de Houchard et de Jourdan, et étaient entrés en même temps dans Menin et dans Marchiennes. Les dénonciations qui s'étaient produites contre Souham n'avaient pas épargné Macdonald qui, ayant été aide de camp de Dumouriez, devint

____

(1) Arch. de la Guerre ; lettre citée par le comte de Seilhac dans les *Bataillons de Volontaires.....*, p. 117.

bientôt suspect et fut mis sous la surveillance des commissaires de la Convention. Une première fois son camarade avait fait suspendre l'exécution du mandat lancé contre lui. Mais de nouveaux représentants arrivent, décidés à le faire arrêter. Souham l'appelle aussitôt à son quartier général et lui fait part du danger : « Tiens, tu es f...., lui dit-il ; ainsi vois ce que tu as à faire et décide-toi promptement, car tu vas être suspendu de tes fonctions. » Macdonald pouvait passer en Belgique. Il se rappela qu'un des commissaires avait témoigné autrefois de son patriotisme : « Je vais le trouver, dit-il. — Lui ! reprit Souham, il était présent à la discussion ; j'ai réclamé son témoignage pour toi ; il a gardé le silence. — N'importe ; il a peut-être été intimidé par ses collègues et ses supérieurs ; je serais bien aise de l'éprouver et même de lui donner du courage, s'il en a manqué. — Fais en donc l'essai, et tu viendras ensuite chez moi. » Macdonald vit le commissaire et réclama ses bons offices. « Oh ! ma foi, dit celui-ci, veux-tu que je te parle franchement ! tiens, tu n'és pas républicain, et je ne puis ni ne veux me mêler de toi. — Cependant je n'ai pas changé, ce me semble, depuis que nous nous sommes vus sur la frontière et à l'affaire de Commines ; vous m'assurâtes alors publiquement...

— Je sais ce que tu veux dire, reprit le représentant du peuple en l'interrompant, mais les temps

sont bien changés. » Et il lui tourna le dos.
Macdonald rapporta cette conversation à Souham,
qui le pressa encore de prendre un parti. Il refusa
de passer la frontière, aimant mieux sacrifier sa
vie que se compromettre avec les émigrés. Les
commissaires furent rappelés avant d'avoir exécuté
le mandat d'arrestation. Macdonald resta à son
poste et ne fut plus recherché.

En racontant, dans ses mémoires, cet épisode
de sa vie, le futur maréchal de France rend homm-
mage à la loyauté, à la générosité et au dévouement de Souham en cette circonstance [1].

---

[1] *Souvenirs du maréchal Macdonald, avec une introduction
par Camille Rousset*, pp. VIII, 32 et 33.

CHAPITRE IV

Pendant que Robespierre et Saint-Just préparaient à Paris leur campagne contre les Hébertistes et les Dantonistes, le Comité de Salut public décidait, pour le printemps, la reprise des opérations militaires contre les coalisés. Pichegru, à la tête de l'armée du Nord, était chargé d'envahir la Flandre autrichienne. On lui cherchait des lieute-

4

nants dont la valeur fût à l'épreuve. Varin, agent du pouvoir exécutif, qui patronnait Souham et avait contribué, l'année précédente, à sa nomination au grade de général, écrivit, le 10 mars 1794, au ministre Bouchotte :

« Souham nous a paru brave et susceptible de bien se battre. Je crois que c'est avec peine qu'il ne le fait pas aussi souvent que son courage l'y porte. C'est d'après cela qu'il regrette de ne pouvoir f... le bal à son aise à l'ennemi, en allant reconnaître les avant-postes avec les représentants du peuple. Mais il ne garde pas poire molle à tous ces J... f..... d'York, de Cobourg et séquelle. Je crois enfin qu'il ira d'un bon pas, lors des grands événements qui se préparent [1]. »

---

(1) Arch. de la Guerre ; lettre citée par le comte de Scilhac, *Les Bataillons de volontaires...*, p. 117.

La puissance de Varin commençait à décliner. Le 17 mars, le Comité de Salut public ordonna son arrestation et celle de son collègue Cellier. Les dénonciations devenaient chaque jour plus fréquentes. Par la lettre suivante, en date du 8 avril, Souham appuyait les accusations formulées contre un de ses officiers :

« Quartier général de Marquette, près Lille, le 19 germinal ; l'an deuxième de la République française, une et indivisible.

» Le général de division Souham, au représentant du peuple Florent Guyot.

» Je t'envoye, citoyen représentant, deux dénonciations faites contre le citoyen Sertain, capitaine au bataillon de la Corrèze. Tu verras, par les deux pièces que je veux te certifier, qu'il seroit dangereux d'employer ce citoyen dont la conduite est très reprochable, et surtout à la veille d'entrer en campagne. Tu feras sur cela tout ce que la prudence te dictera, mais je crois très dangereux d'employer à la veille de la campagne un homme qui a perdu la confiance de tous ses camarades.

» Salut et fraternité.
» Souham. »

(MM. Foucart et Finot, t. II, p. 344).

Moreau avait une juste réputation d'intrépide soldat et de manœuvrier habile. Le Comité donna à Pichegru les deux divisions de Souham et de de Moreau, fortes d'environ 50,000 hommes.

Cobourg, qui commandait les coalisés, avait réuni une armée de 100,000 hommes autour de Landrecies. Les divisions de Moreau et de Souham reçoivent l'ordre de quitter Lille et de se porter sur Menin et Courtrai. Avec 30,000 combattants, Souham refoule tous les postes autrichiens qu'il rencontre sur son passage, marche sur Courtrai et s'en empare, faisant bon nombre de prisonniers et prenant des canons (26 avril 1794) [1]. En même temps, Menin est investi par les 20,000 hommes de Moreau.

---

[1] A la prise de Courtrai s'illustra le brave officier de cavalerie Varcillaud, d'Uzerche. Nous empruntons à MM. Foucart et Finot (t. II, p. 358) le récit de son fait d'armes :

« Dans le combat à la suite duquel fut occupée cette ville se distingua de nouveau l'un des hommes qui, durant les guerres de la République et de l'Empire, donnèrent les plus étonnants exemples de bravoure personnelle, Varéliaud, aujourd'hui l'orgueil d'Uzerche, sa ville d'origine. Né en 1771, enrôlé en 1789, passé au 9° hussards le 30 novembre 1792, sous-lieutenant le 23 septembre 1799, Varéliaud devait parvenir au grade de colonel et être mis en demi-solde, puis en retraite par le gouvernement de la Restauration. Déjà, à Linselles et à Wervicq, il s'était signalé par des exploits auxquels on ne croirait pas, s'ils n'étaient prouvés par les certificats de témoins oculaires. A Courtrai, il se précipita seul sur huit chasseurs anglais qui cherchaient à l'envelopper, en mit quatre hors de combat, et, quoique venant de perdre d'un coup de sabre la première phalange de l'index de la main gauche, continua de combattre, mit en fuite deux des quatre chasseurs restant et fit les autres prisonniers. Sa carrière militaire se continua ainsi jusqu'à la paix générale, et quoiqu'ayant reçu un nombre extraordinaire de coups de feu, de sabre et de lance, il fut assez heureux pour ne mourir d'aucun. Avec de pareils soldats, on pouvait songer à conquérir le monde. »

Trompé par la rapidité de nos troupes, le général anglais Clerfayt arrive après ce double coup de main. Il peut encore arrêter la marche des Français en coupant leurs communications avec Lille. A cet effet il se dirige sur Moucroën, le 28 avril, et campe aux moulins de Castel. Sa position est excellente. Il est maître de tous les défilés qui y conduisent. Mais Souham a la supériorité du nombre ; sans perdre un moment il se retourne, et, le 29 avril, lance ses bataillons sur les moulins. Ils sont reçus par une canonnade formidable. Ebranlés d'abord, ils se rallient. Leurs officiers sont à leur tête et les ramènent au combat. Après quatre heures de lutte, les positions ennemies sont enlevées à la baïonnette. Les Autrichiens prennent la fuite, laissant entre nos mains 1,200 prisonniers, 33 canons et 4 drapeaux. « C'était notre première victoire. du Nord, dit Thiers, et elle releva singulièrement le courage de l'armée [1]. »

Courtray était tombée entre nos mains. Dans l'espoir de reprendre cette place, Clerfayt s'y porte immédiatement. Il est déjà maître des faubourgs, lorsque Souham, prévenu du danger que court la ville, arrive avec sa division. Le 11 mai, il attaque l'ennemi de front ; Macdonald le prend de

---

(1) Thiers, *Hist. de la Révolution...*, t. VI, p. 64.

revers ; une sortie de la garnison les appuie. Les Autrichiens tiennent bon. Pendant longtemps, la lutte est indécise. On se bat encore à dix heures du soir. Enfin, délogé des faubourgs, à bout de résistance, Clerfayt profite d'un épais brouillard pour se replier sur Thielt. Souham venait de vaincre pour la deuxième fois le célèbre général anglais.

Il allait obtenir bientôt un nouvel et grand succès. Les coalisés s'apprêtaient à mettre à exécution leur fameux *plan de destruction,* consistant à couper l'armée française de sa base d'opérations qui était Lille, à l'envelopper et à lui faire mettre bas les armes. Ils disposaient de 100,000 hommes. Souham et Moreau n'en avaient pas la moitié. Les alliés voulaient attirer nos troupes à Tourcoing et tomber sur elles en six colonnes convergentes. Clerfayt, Busch, Otto, le duc d'York étaient chargés de diriger l'opération. L'empereur d'Allemagne et le duc de Cobourg en attendaient le résultat à Tournay. En l'absence de Pichegru, qui avait rejoint l'aile droite de la Sambre où nos armes avaient été malheureuses, Souham et Moreau, comprenant combien leur situation pouvait devenir critique, prirent une heureuse détermination. Ils ordonnèrent au général Bonneau de sortir de Lille avec 20,000 hommes et de marcher à leur rencontre. Sans donner aux coalisés le temps de se rejoindre, le 18 mai au matin, Souham se précipitait sur Tourcoing et Watrelos, laissant Moreau et Vandamme en face de Clerfayt, pendant que Bonneau marchait sur le duc d'York. Cette manœuvre hardie, menée avec une remarquable rapidité, réussit sur tous les points. Souham délogea le général Otto de ses positions de Watrelos et put encore donner la main à Bonneau dont les troupes éprouvaient une énergique résistance. Le désordre se mit alors dans les rangs des Anglais, et le duc d'York ne dut son salut qu'à la fuite. La déroute fut complète.

Cette victoire de Tourcoing, remportée par 70,000 Français sur 100,000 ennemis, fait le plus grand honneur à Souham. C'est lui qui avait conçu le plan d'attaque et mené l'action. Si Pichegru, qui arriva après la bataille, avait su profiter de l'avantage, il aurait facilement débandé toute l'armée des coalisés. Nous n'en avions pas moins fait, grâce à Souham, notre trouée dans la Flandre.

La prise d'Ypres suivit de près la victoire de Tourcoing. Pichegru en avait ordonné le siège. Le général de Clerfayt, qui disposait de forces considérables, pouvait gêner les opérations et secourir la place. Souham, chargé de l'arrêter, le battit à Roulers et à Hooghlede, le 10 juin, et le rejeta dans Thielt, le 13; quatre jours après, Ypres capitulait.

Poursuivi par son intrépide adversaire, Clerfayt venait de quitter Thielt pour se retirer à Gand, lorsqu'il fut surpris à Deynse, le 20 juin, et mis en déroute, laissant entre les mains de Souham 10 canons et 300 prisonniers. Nos soldats se montrèrent aussi humains après la bataille qu'ils avaient été vaillants dans le combat. Un décret de la Convention ordonnait de ne plus faire de prisonniers anglais; l'armée l'avait accueilli avec indignation. « Parmi les prisonniers du combat de Deynse, il y avait un assez bon nombre d'Hanovriens que leur qualité de sujet du roi d'Angleterre rendait passibles de la mesure sanguinaire. Un détachement les conduisit à Wielsbecke, quartier général de Souham, où un officier d'état-major les reçut des mains d'un sergent qui commandait l'escorte. « Camarades, dit l'officier » au détachement, vous allez nous mettre dans un » cruel et terrible embarras; il fallait laisser ces » malheureux s'échapper où vous les avez rencontrés. — Mon officier, répond le sergent dans » son langage naïf, c'est autant de coups de fusil » à recevoir de moins, et nous sommes ici pour » affaiblir l'ennemi. — Mais il existe une loi » affreuse contre eux et bien embarrassante pour » nous. — Nous la connaissons; mais la Conven-» tion n'a pas prétendu que des soldats français

» fissent le métier de bourreaux. Au reste, voici
» nos prisonniers ; envoyez-les aux représentants
» du peuple, et, si ceux-ci sont des sauvages
» féroces, qu'ils les tuent et les mangent ensuite ;
» ce n'est plus notre affaire [1]. »

La marche en avant de Souham n'avait été marquée que par des victoires. Quelques jours après, Jourdan gagnait la bataille de Fleurus (26 juin). Les deux armées du Nord et de Sambre-et-Meuse allaient se donner la main. Leur entrée à Bruxelles décidait de la campagne. La Belgique était conquise.

Cependant, l'heure du repos n'avait pas encore sonné. Les divisions de Souham et de Delmas reçurent l'ordre d'assiéger Bois-le-Duc, dans le Braban hollandais (23 septembre 1794). Elles s'emparèrent sans difficulté des ouvrages avancés ; mais le fort de Crèvecœur coûta plus de peine. Il fut enlevé le 27 septembre. Les travaux d'attaque se rapprochèrent alors ; on put canonner la ville. Sommée de capituler par le général Delmas, la garnison ouvrit les portes, le 9 octobre, et obtint les honneurs de la guerre.

Pendant que Kléber s'emparait de Maëstricht, Pichegru envoyait Moreau devant Nimègue. Cette

---

(1) *Victoires et Conquêtes* .., t. III, p. 39.

place passait pour imprenable. Elle fut assiégée, le 27 octobre, par les divisions de Souham et de Bonneau et une partie de la division de Delmas. Après avoir établi ses troupes, Moreau en laissa le commandement à Souham. L'entreprise était périlleuse ; un écrivain militaire contemporain raconte, en effet, que des représentants du peuple à qui Souham « refusa ces serviles respects que l'ambition ou la crainte leur rendaient, le chargèrent, pour se venger, de l'attaque de Nimègue [1]. » S'il est vrai que les commissaires de la Convention aient fait cet odieux calcul, Souham sut en tirer la plus éclatante et la plus honorable vengeance : il réduisit Nimègue. Du 1er au 7 novembre, le génie avait ouvert les tranchées malgré des sorties fréquentes de la garnison. Le 7, le général ordonne l'attaque et enlève de force un premier retranchement défendu par des Hollandais. En même temps, son artillerie détruit le pont de bateaux qui était la seule issue des assiégés. Pendant la nuit, les Anglais, effrayés des progrès de nos troupes, réparent ce pont, et, dès qu'il est en état, ils évacuent la place y laissant les Hollandais seuls. Ceux-ci se croient trahis, veulent se sauver ; mais les Anglais ont coupé le pont derrière eux. Ils se

---

(1) *Cornelius Nepos français, Histoire des guerres célèbres depuis 1792 jusqu'à nos jours ; — Journal de la Haute-Vienne* du 5 février 1808.

jettent alors dans un bac pour traverser le Vahal.
A ce moment, les assiégeants pénètrent dans Nimègue. Les Anglais tournent le feu de leurs batteries sur le bac qui porte quatre cents Hollandais
et vont le couler bas. La confusion devient extrême ;
les Hollandais poussent des cris. Indigné de cette
trahison, Souham dirige ses pièces sur les batteries anglaises et les éteint. Les Hollandais sont
sauvés d'une mort certaine et se rendent. Dans la
ville nous trouvons 80 canons, 8,000 fusils, beaucoup de vivres et de munitions.

Notre armée était dans un dénûment lamenta-
table. Les soldats et les officiers avaient leurs
vêtements en lambeaux. Quand ils entraient dans
une ville prise, des agences de commerce et des
réquisiteurs s'emparaient de tous les draps, et il
fallait passer sous leur coupe pour se procurer les
objets de première nécessité. Souham, dit un au-
teur contemporain, « prit sur lui de chasser de
Nimègue tous les réquisiteurs de l'agence de commerce. Il les menaça même de les faire arrêter,
s'ils s'avisaient d'y reparaître... On établit des
bureaux, où des draps furent délivrés aux officiers,
qui les payèrent comptant, et un très grand nombre eurent au moins de quoi se couvrir. Mais le
soldat souffrit encore longtemps de la disette de
bas, de souliers, de capotes, d'habits et généralement de toutes les parties de l'équipement. Quoique le froid commençât d'être très vif, il n'était pas

rare de voir un factionnaire avec un habit dont les manches tombaient en lambeaux, sans capote, obligé de se couvrir avec son sac de campement. Notez que les subsistances n'étaient pas très exactement fournies, et il est encore difficile de se faire une juste idée du comble de misère où le soldat était réduit [1]. »

Dès que la division de Souham eut refait son équipement, elle reprit la marche en avant. Il fallait conquérir la Hollande ; le Comité de Salut public en avait ainsi décidé. Les mouvements de nos troupes furent facilités par une saison exceptionnellement rigoureuse. Les marais, les canaux et les rivières, qui coupent ce pays plat et rendent impossible, en temps ordinaire, le passage d'une armée, se gelèrent. Mais le Rhin, avec son cours impétueux, restait encore infranchissable. Le 19 nivôse (8 janvier 1795), il gela jusqu'à son embouchure. Souham, à la tête de sa division, le passa sur la glace. Toute l'armée suivit.

La Hollande était à nous. Les Etats décidèrent que toutes leurs places seraient ouvertes aux Français. Le 20 janvier 1795, Pichegru entrait à Amsterdam ; quelques jours après, Bonneau

---

(1) David. *Histoire chronologique de l'armée du Nord*, pp. 129 et s., citée dans *Victoires et Conquêtes...*, t. III, pp. 216-220.

occupait La Haye. Le stathoudérat n'existait plus. L'armée du Nord était parvenue au terme de sa mission ; elle avait droit au repos.

CHAPITRE V

FORTUNE ET DISGRACE.

La fortune de Souham est à son apogée. — Succès ininterrompus. — Il a la confiance de ses soldats et de la Convention. — Il veut se prémunir contre les suspicions du Comité de Salut public. — Sa mère demande pour lui un certificat de civisme. — Délibération du Conseil municipal de Lubersac. — Certificat de la Société populaire. — Approbation des administrateurs du District. — L'armée du Nord est en partie disponible. — Effacement de Souham. — Est-il devenu suspect ? — Il reçoit un commandement provisoire en Belgique. — Le 18 Fructidor. — Disgrâce de Souham. — Une lettre de Bonaparte.

Les succès ininterrompus qu'il venait d'obtenir dans sa campagne de Belgique et de Hollande avaient placé Souham à l'un des premiers rangs de nos capitaines. On lui devait la prise de Menin, de Marchiennes et de Courtray, les victoires de

Castel, de Watrelos et de Tourcoing, les avantages de Roulers, d'Hooghlede et de Deynse, la prise d'Ypres, de Bois-le-Duc et de Nimègue ; il s'était illustré en dernier lieu par le passage du Rhin. Sa division n'avait subi aucun échec. Soucieux du bien-être de ses soldats, il pouvait compter sur leur dévouement. Les commissaires de la Convention l'avaient vu à l'œuvre et rendaient hommage à son courage. Son attitude politique était à l'abri de tout soupçon. Les dénonciations qui avaient été dirigées contre lui pendant son commandement à Dunkerque, avaient été reconnues mal fondées. Il redoutait cependant la fragilité de la confiance du Comité de Salut public. Pour se mettre en garde contre de nouvelles attaques, au lendemain de son brillant fait d'armes de Tourcoing, il chargea sa mère de demander aux autorités municipales de Lubersac un certificat de civisme. Le Conseil communal, la Société populaire et l'administration du District s'empressèrent d'attester en ces termes son patriotisme et ses vertus républicaines :

« Aujourd'hui dix messidor l'an second de la République française, une, indivisible et impérissable, s'est présentée dans la salle du Conseil général de la commune la citoyenne Marie Dandaleix, veuve Souham. Le Conseil réuni, elle a dit que Joseph Souham, son fils, général dans l'armée du Nord, désirerait que le Conseil de la commune certiffiat la conduite qu'il a tenue depuis le commencement de la Révolution jusqu'à son départ dans le second bataillon de la Corrèze. La citoyenne Souham s'étant retirée, le Conseil, sur la demande à lui faite, arrête que la conduite qu'a constament tenue le citoyen Joseph Souham a été celle d'un ardent patriote et d'un zélé défenseur de la liberté et de l'égalité, ce qui a fait qu'il mérite d'autant l'attachement des patriotes que la haine des aristocrates qu'il n'a cessé de heurter de front; que même il a professé hautement la haine de la tyrannie et des tyrans. — Fait, arrêté et délivré à Lubersac, maison commune, le même jour, mois et an que dessus, où ont assisté les citoyens Roulet, maire, Doussaud, Laspoussas, Borie, Déchaud, officiers municipaux, Bigoué, agent national, Fonvaisscix, Monis, Jean Debernard, Brugère, Conjaud, Cousty, Marsat, Duleri et Montaziau, notables. Les citoyens Borie, Dechaud, Brugère, Conjaud, Cousty, Marsas et Montaziau ont déclaré ne scavoir signer. Signé au registre : Roulet, maire, Bigoué, agent national, Doussaud, Lapoussas, Fonvaisseix, Monis, Debernard, Duleri. Pour copie conforme au registre, signé : Roullet, maire, et Leurade, secrétaire.

» Vu par la société le certificat de civisme accordé au citoyen Joseph Souham, la société atteste qu'il contient vérité et atteste en outre que le citoyen Souham est membre de la société, un des fondateurs les plus zélés, qu'il n'a cessé de donner les preuves du plus ardent patriote, ennemy de la tyrannie et des tyrans. Vu et certifié par la société qui n'a pu apposer son cachet qui lui a été enlevé n'ayant pu s'en procurer encore d'autre, le dix messidor séance de la société, l'an deux de la République une, indivisible et impérissable.

» Signé : Terracorde, fils, président ; Roumégaux Jean, Chaussade Jean.

» Vu et approuvé par le Conseil d'administration du district d'Uzerche.

» Fait au Conseil d'administration du district d'Uzerche le 13 messidor l'an 2^{ond} de la Rép^e f^e une, ind^{ble}. Signé : Lafaigne, Dessut, Jardaun, Gautier, Agtnal, et Rogier [1]. »

Souham était âgé de trente-quatre ans. La fortune n'avait cessé de lui être favorable. La campagne à laquelle il venait de collaborer si brillamment, avait décidé plusieurs des puissances coalisées à reconnaître la République. C'était le premier triomphe diplomatique de la Révolution française. La paix de Bâle (avril 1795) rendait disponible une partie des forces de l'armée du Nord. Sur d'autres points nos troupes étaient aux

---

(1) Extrait du registre des délibérations de la commune de Lubersac (23 juin 1894), communiqué par M. de Fraville.

prises avec l'ennemi. Souham pouvait espérer, en récompense de ses services, un commandement supérieur. Les chefs de sa valeur pouvaient se compter. Les grands généraux de l'Empire n'avaient pas encore fait leurs preuves. Il fut pourtant de ceux dont on n'utilisa d'abord ni le talent, ni la bonne volonté, ni la popularité. Pendant dix-neuf mois, son nom ne figure sur aucune page de notre histoire militaire. On se bat sans lui en Vendée, en Allemagne, en Italie. Pourquoi cet effacement obligé ou volontaire, après toute une année de succès éclatants? Des deux généraux sous les ordres desquels il a marché, Pichegru et Moreau, l'un conspire, est destitué, l'autre se laisse repousser sur le Rhin, devient suspect. Il n'en fallait pas davantage pour perdre, à cette époque, les bonnes grâces du gouvernement. Souham fut laissé à l'écart.

Nous le voyons plus tard, le 26 août 1796, prendre le commandement provisoire de la 24ᵉ division, en Belgique. Il est maintenu à ce poste le 13 février suivant. Ses états de services nous apprennent que, par décret du 9 septembre 1797, il est admis à jouir du traitement de réforme.

Cette disgrâce — car, cette fois, il n'y a pas à se tromper sur le caractère de la mesure qui frappe Souham — se produit cinq jours après les événements du 18 fructidor. Le coup de mains préparé par les royalistes a échoué ; les élections de quarante-neuf départements hostiles au Directoire sont cassées ; les partisans de la légalité, comme Carnot et Barthélemy, les contre-révolutionnaires, comme Pichegru, tous les tièdes et les monarchistes sont condamnés à la déportation. Souham, un des meilleurs lieutenants de Pichegru, est suspect à ce titre ; on lui enlève son commandement.

La brillante campagne d'Italie venait de placer Bonaparte au premier rang de nos généraux. Son influence commençait à grandir dans les conseils du gouvernement. Souham songea à la mettre à profit pour regagner la confiance qu'il avait perdue. Les événements ne l'avaient jamais rapproché du vainqueur de Rivoli. Le sachant à Paris, il se décida à faire auprès de lui une démarche. C'était au milieu du mois d'avril 1798 ; l'expédition d'Egypte était décidée ; on en hâtait les préparatifs. Souham désirait, sans doute, obtenir un emploi à la suite de Bonaparte. Il se rendit à la demeure du jeune général, ne l'y rencontra pas et lui apprit, par un billet, sa visite. Bonaparte lui envoya le 14 avril la lettre suivante :

« Paris, le 25 germinal an 6.

» Je suis très fâché, citoyen général, de ne m'être pas trouvé chez moi lorsque vous vous êtes donné la peine d'y passer. J'aurais été fort aise de faire votre connaissance. Je serai charmé de trouver l'occasion de vous être agréable.

« Je vous salue.

» BONAPARTE [1]. »

Cette lettre courtoise ne contenait aucun engagement. Les cadres de l'expédition d'Egypte étaient prêts ; ils s'embarquèrent le 19 mai, sans Souham. La retraite de celui-ci devait durer encore quatre mois.

---

(1) L'original, de notre collection, porte cette adresse : « Au général Souham, rue et hôtel Grange Batellière. »

CHAPITRE VI

La deuxième coalition. — Souham à l'armée du Danube. — Composition de la deuxième division (en note). — Combat de Pfullendorf. — Opinion de Jourdan. — Avantages de Stockach et d'Ach. — Retraite de Jourdan. — Moreau est nommé général en chef. — Souham à l'armée du Rhin. — Emportement de son caractère (en note). — Victoire de Stockach. — Marche simulée sur la Bavière. — Combats de Blaubeuren et de Delminsingen. — Victoire d'Hochstett.

Les campagnes d'Italie et d'Allemagne avaient pris fin. Bonaparte guerroyait au pied des pyramides. L'Europe était en paix. Mais l'esprit de la Révolution s'insinuait dans les nations voisines. Après la république batave, la république romaine venait d'être proclamée. On était à la veille de la fondation des républiques helvétique et parthénopéenne. L'Angleterre, l'Autriche, la Russie et la Turquie, alarmées, cherchaient à se rapprocher, allaient bientôt former la seconde coalition contre la France. C'est dans ces circonstances que Souham fut rappelé au service, le 16 août 1798, et employé à l'armée de Mayence.

Jourdan commandait en chef l'armée de Mayence, forte de 48,000 hommes ; il était opposé à l'archiduc Charles, qui avait massé 78,000 Autrichiens en Bavière, sur le Danube. Masséna gardait la Suisse avec 30,000 hommes ; en face de lui s'avançaient le général Hotze, à la tête de 26,000 Autrichiens, et Korsakow, qui conduisait 30,000 Russes. 70,000 Français occupaient l'Italie, sous les ordres de Schérer et de Macdonald.

Le 2 ventôse an VII (20 février 1799), le Directoire avait prescrit à Jourdan de se porter sans délai au delà des Montagnes Noires et d'occuper les sources du Neker et du Danube ; il devait ensuite marcher entre ce fleuve et le lac de Constance, pousser sa droite en avant du lac et aller s'appuyer sur Bregentz. Arrivé au Danube, disait l'instruction, l'armée de Mayence prendra le nom d'armée du Danube. Souham commandait la deuxième division de cette armée [1].

En exécution des ordres qu'il venait de recevoir,

---

(1) Composition de la deuxième division de l'armée du Danube :
Souham, général de division.
Decaen, } généraux de brigade.
Goulus, }

Jourdan franchit le Rhin, le 11 ventôse (1er mars), et marcha à la rencontre de l'archiduc. Il ne trouva d'abord aucun obstacle, s'avança jusqu'au Danube et établit son corps d'armée entre ce fleuve et le lac de Constance. A la tête de la division du centre, Souham s'arrêta à Pfullendorf. C'est dans cette position que, le 2 germinal (22 mars), l'archiduc Charles vint l'attaquer. Le général Lefebvre, qui commandait l'avant-garde, reçut le premier choc. Souham se porta à son secours avec une demi-brigade et une compagnie d'artillerie légère. Il chargea en même temps le général Decaen de défendre le défilé où l'Ostrach prend sa source, afin d'éviter un mouvement

Lorcet,
Bertrand, } adjudants généraux.

NOMS DES CORPS	FORCE DES PRÉSENS SOUS LES ARMES			
	Infant.	Cavalerie	Artill.	Sapeurs
2e demi-brigade de ligne............	2174	......	......	.....
7e demi-brigade de ligne............	1395	......	......	.....
83e demi-brigade de ligne............	2081	......	......	.....
1er régimt de dragons................	......	458	......	.....
6e régt de dragons..................	......	389	......	.....
3e et 4e compagnies d'artillerie du 7e régimt d'artillerie légère.........	......	......	123	.....
15e compagnie du 2e régt d'artill. à pied.	......	......	82	.....
13e compagnie du 7e régt d'artill. à pied.	......	......	112	.....
1re compagnie du 3e bataillon de sapeurs	......	......	......	161
Totaux...........	5650	847	317	161

(Extrait de : Précis des opérations de l'armée du Danube sous les ordres du général Jourdan. Extrait des Mémoires manuscrits de ce général. Paris, an VII, p. 79).

tournant de l'ennemi sur la droite de notre armée. Les renforts envoyés par Souham n'arrivèrent pas à temps, l'avant-garde ayant commencé à reculer devant les forces énormes des Autrichiens; mais la retraite fut couverte. Souham et Decaen défendirent le terrain pied à pied, résistèrent avec une admirable énergie et arrêtèrent la marche en avant de l'ennemi. « Dans ce combat mémorable, dit le général Jourdan, la valeur française parut dans tout son lustre... Cette journée, célèbre en héroïsme, me laissera d'éternels souvenirs [1]. » L'archiduc avait payé cher son succès; ses pertes furent d'environ 4,000 hommes tués, blessés ou prisonniers.

Les armées se suivaient à une petite distance. La division de Souham, établie près de Stockach, fut attaquée de nouveau, le 4 germinal (22 mars), par les impériaux. L'affaire fut peu importante. Repoussé jusqu'au village d'Ach, l'ennemi laissa entre nos mains 160 prisonniers.

Le lendemain, l'action recommença de grand matin, Jourdan ayant résolu de prendre l'offensive. Le général Saint-Cyr, qui commandait l'avant-garde, se battit avec courage, mais fut forcé de rompre, écrasé par des forces trop supé-

---

(1) *Précis des opérations de l'armée du Danube*, pp. 130-140.

rieures aux siennes. C'est alors qu'intervint la division de Souham. Son rôle dans la bataille fut décisif. Elle eut les honneurs de la journée, et Jourdan, dans le récit de ses opérations, put lui consacrer la page élogieuse que voici :

« Le général Souham, commandant la deuxième division, s'était mis en mouvement dès 4 heures du matin, conformément à l'ordre qu'il en avait reçu. Il se dirigea d'abord sur Ach pour s'emparer de ce poste et s'avancer ensuite sur Stockach. Il commença par faire attaquer l'ennemi par sa brigade de droite aux ordres du général Decaen, composée des deuxième et septième demi-brigades de ligne et du premier régiment de dragons. Cette attaque fut faite à la bayonette avec la plus grande intrépidité, et après un combat très vif nos troupes parvinrent à s'emparer des hauteurs et du village d'Ach. Mais l'ennemi ayant tourné la position et s'étant porté en force sur nos troupes, elles furent obligées de se reployer jusqu'au débouché du bois en arrière d'Ach. A dix heures, le général Souham, prévoyant que les divisions de droite et de gauche avaient obtenu des succès, ordonna de renouveler l'attaque. Alors toute sa division se porta en avant avec une intrépidité peu commune et chassa l'ennemi jusqu'au delà d'Aigeltingen où le général Souham lui fit prendre position, la brigade de droite en avant du village et celle de gauche en arrière. Cette division fit éprouver à l'ennemi une perte considérable tant en tués que blessés, et lui fit 900 prisonniers [1]. »

Nos troupes couchèrent sur le champ de bataille et y passèrent la journée du 6. 34,000 hommes s'étaient battus contre 80,000 et en avaient mis 7,000 hors de combat. L'armée du Danube pouvait se dire victorieuse; mais elle était exténuée. Redoutant une attaque de toutes les forces ennemies, Jourdan ne jugea pas prudent de conserver ses positions. Dès le 7, il ordonnait à ses troupes de se replier sur les débouchés des Montagnes Noires et de se rapprocher de l'armée d'observation. Ce mouvement de retraite lui valut la perte de son commandement.

Repoussés sur le Danube, nous allions subir une série de désastres plus graves en Italie. Aux prises avec les Autrichiens de Kray et les Russes de Souvarow, nos soldats, battus à Magnano, à La Trébie, à Novi et à Génola, étaient obligés d'abandonner la péninsule. Du 26 août au 14 septembre, 45,000 Anglais et Russes débarquaient en Hollande. Nos frontières du Nord et du Sud-Est se trouvaient en même temps menacées. La situation était des plus critiques. Les victoires de Mas-

---

(1) *Précis des opérations de l'armée du Danube*, pp. 171-173.

séna à Zurich (25-26 septembre 1799) et de Brune en Hollande (19 septembre et 6 octobre) sauvèrent la France d'une invasion.

Bonaparte, que le coup d'Etat du 18 brumaire venait de porter au pouvoir, allait prendre en mains la direction des opérations militaires et regagner en peu de temps tout le terrain perdu. Pendant qu'il se jetait lui-même en Italie, il donnait à Moreau le commandement de l'armée du Rhin. L'objectif de Moreau était de retenir sur le Danube l'armée autrichienne, de l'empêcher de suivre Bonaparte en Italie, et lorsqu'il l'aurait battue et refoulée, d'envoyer lui-même une partie de ses troupes au Consul. Il sut atteindre ce double but. Souham était à la tête d'une division du corps de Sainte-Suzanne dans l'armée du Rhin [1].

La campagne commença le 25 avril 1800. La Forêt-Noire fut tournée et les Autrichiens reculèrent. Le 3 mai, on se battit pour la seconde fois

---

(1) En allant prendre possession de son nouveau poste, Souham eut, avec un receveur des droits de voirie, certaines difficultés qui dénotent la vivacité et l'emportement de son caractère. Nous les trouvons relatées dans la lettre suivante, écrite, le 9 pluviôse an VIII, par le conseiller d'Etat chargé des Ponts et Chaussées au Ministre de la guerre : « Citoyen Ministre, je dois vous donner communication de la plainte qui a été adressée au Ministre de l'Intérieur contre le général Souham, par le citoyen Choppin, percepteur de la taxe d'entretien des routes à l'une des barrières du département de la Meuse. Il paraît qu'après avoir injurié ce percepteur, le général Souham s'est permis de donner deux coups de sabre au fermier... » — (Arch. de la Guerre). L'affaire n'eut pas de suite.

autour de Stockach, et, cette fois, l'avantage fut bien nettement pour nous. Moreau, victorieux, repousse le maréchal de Kray qui va s'enfermer dans le formidable camp retranché d'Ulm. Il était difficile, sinon impossible, de l'en déloger de force. Disposant d'une nombreuse infanterie et d'une cavalerie bien montée, ce général attendait encore les renforts de Starray, de Meerfeld et de Giulay, qui manœuvraient dans la Haute-Souabe. Les divisions de Souham et de Legrand surveillaient ces trois corps d'armée et avaient pour mission d'empêcher leur ralliement aux troupes de Kray. Espérant faire sortir le général autrichien des positions où il s'était établi, Moreau simula une marche sur la Bavière. Mais Kray se douta du stratagème, ne suivit pas l'armée française et profita du moment où nos lignes étaient dégarnies pour les faire attaquer par l'archiduc Ferdinand. Le 16 mai, l'ennemi fond sur le corps de Sainte-Suzanne qui était resté isolé, lance en même temps plusieurs colonnes contre la division Legrand à Erbach et contre la division Souham à Blaubeuren. Assailli sur ses deux flancs, Souham recule, met les ravins de la Blau entre l'ennemi et lui, se retourne et arrête les Autrichiens. Tandis que Sainte-Suzanne renforce la division Legrand avec une partie de la division Colaud, le général Decaen prête la main à Souham. C'était plus qu'il n'en fallait pour rétablir le combat. A ce moment,

Saint-Cyr, qui a entendu le canon, remonte le Danube et apparaît sur la rive droite, en face d'Ulm. Il n'a pas besoin d'aller plus loin. Les divisions Legrand, Souham et Colaud se portent en avant et font rentrer les Autrichiens dans leur camp.

Moreau avait échoué dans sa tentative; il était certain que Kray ne quitterait pas Ulm. Mais, grâce à la valeur des troupes de Souham et de Legrand, grâce à l'intrépidité de Sainte-Suzanne et à la manœuvre opportune de Saint-Cyr, il n'avait que peu de pertes. Le combat avait duré douze heures, et les Français, au nombre de 15,000, avaient repoussé l'attaque de 36,000 Autrichiens, soutenus par les canons de la place et commandés par leur général en chef, le maréchal de Kray en personne.

Il fut plus heureux lorsqu'il décida, le 20 mai, de pousser sur la Bavière une nouvelle pointe avec le corps de Sainte-Suzanne. Après un premier engagement avec les généraux Starray et Giulay, les divisions de Souham et de Legrand sont assaillies, le 24, par l'armée de l'archiduc Ferdinand. Souham, obligé d'abord de se replier, fait un heureux changement de front, s'appuie sur le Danube et tient tête à l'ennemi. Aidé bientôt par Sainte-Suzanne et Colaud, il reprend l'offensive et chasse les Autrichiens du village de Delmensingen. Le terrain était déblayé. Lecourbe put entrer à Augsbourg (28 mai) et Moreau continuer sa marche en avant. Quelques jours après, il remportait la brillante victoire d'Hochstett (19 juin), franchissait le Danube et forçait l'armée ennemie à battre en retraite. Prévoyant que ses communications avec Vienne allaient être enlevées, Kray s'empressa de quitter Ulm.

Cette mémorable campagne de Moreau devait encore être marquée par d'autres succès dont la division Souham peut revendiquer sa part. Elle aboutit à la paix de Lunéville (9 février 1801) et nous valut la Belgique et la rive gauche du Rhin.

CHAPITRE VII

LE COMPLOT DE 1804.

Mariage de Souham. — Sa date. — Anne-Rosalie Despériez.
— Une ancienne comédienne. — Les *grâces de Madame
Souham*. — La terre de Saint-Vitte. — Naissance de Joséphine Souham. — Le commandement de la 20° division
militaire. — Naissance d'Edouard Souham. — Le complot
de Georges Cadoudal. — Arrestation de Souham. — Son
interrogatoire. — Deux rapports de police. — La vie de
Souham à Lubersac. — Arrestation de Madame Souham. —
Son interrogatoire. — Mise en liberté du général. — Naissance d'Henri Souham. — Les besoins d'argent. — Difficultés
avec l'hospice de Limoges. — Les années d'inactivité.

La paix de Lunéville et les événements politiques qui la suivirent de près allaient laisser des
loisirs et susciter, en même temps, les plus graves
embarras au général Souham.

C'est vers cette époque qu'il épousa Anne-
Rosalie Despériez. Les circonstances de son

mariage sont assez obscures. La date même en
est difficile à préciser, l'acte n'ayant pas été conservé dans le dossier des Archives de la Guerre.
Après la mort de son mari, Madame Souham,
qui sollicita et obtint une pension du gouvernement, a exposé, dans la requête adressée à cette
occasion au ministre, qu'elle s'était mariée le
8 mai 1802 [1]. Or, on verra plus loin qu'un enfant
est né de son union avec le général, le 20 décembre 1801 ; dans l'acte de naissance, Rosalie
Despériez est qualifiée d'épouse du général Souham, et l'enfant a toujours eu la possession d'état
d'enfant légitime. Dans un interrogatoire du
14 ventôse an XII (6 mars 1804), Madame
Souham parle de la connaissance qu'elle fit de
l'abbé David « lorsqu'elle revint *avec son mari*
de la Belgique où il avait commandé [2] ». Ce commandement en Belgique doit se placer en 1800-
1801. Enfin, dans une note de police, en date du
5 du même mois de ventôse, on lit que Madame
Souham a eu deux fils du général Souham et
qu'elle « a amené à Paris son aîné âgé de quatre
ou cinq ans [3] ». La naissance de ce fils aîné serait
donc antérieure d'un an environ au 20 décembre
1801, et la fille née à cette dernière date ne serait

---

(1) Arch. de la Guerre.
(2) Voir plus loin cet interrogatoire.
(3) Arch. Nationales, F7 6405.

que le second enfant du général. Quoique peu précises, ces indications démontrent l'inexactitude de la date donnée par Madame Souham comme étant celle de son mariage; on peut très vraisemblablement la reporter au commencement de l'année 1800.

Anne-Rosalie Despériez était originaire de la Normandie. Née le 4 septembre 1767 à Meulle, près de Lisieux, elle avait sept ans de moins que Souham. Quelle était sa situation avant son mariage? Un document des Archives de la Guerre nous apprend qu'elle était fille naturelle de Anne-Catherine Despériez. D'après la tradition conservée par les personnes les mieux informées, elle aurait été artiste dramatique ou lyrique. Cette tradition est confirmée par un document de 1804 qui nous apprend qu'elle avait été comédienne [1]. Ce qu'on ne saurait contester, c'est qu'elle était une femme intelligente, douée d'un esprit délié, façonnée aux manières élégantes. Dans l'interrogatoire qu'elle subit en 1804, lors du complot de Cadoudal, elle fait preuve d'autant de finesse que d'à-propos et de netteté.

Partie de très bas, elle sut tenir le rang où son

---

(1) Note de police du 5 ventôse an XII plus loin transcrite. — Ernest Daudet, *La Police de Napoléon*, étude publiée dans le *Figaro* (mars 1894).

mariage l'avait élevée. Elle avait la faculté d'assimilation que l'on rencontre si souvent parmi les femmes de sa profession. Quelque modestes qu'aient été les scènes sur lesquelles elle avait paru, elle y avait acquis une aisance parfaite, une confiance en soi et un sang-froid qui devaient la servir dans sa vie de grande dame. Les exercices de mémoire et de diction, l'étude des rôles de théâtre avaient développé ses dons naturels. Il faut ajouter à cela qu'elle était bien de sa personne, avait un caractère aimable et enjoué, savait plaire ; « on ne parlait que des grâces de Madame Souham [1]. » A côté des futures maréchales de l'Empire, dans un temps où nul n'avait intérêt à regarder en arrière, on doit reconnaître que l'ancienne comédienne, devenue la générale Souham, pouvait faire bonne figure.

Elle ne tarda pas à être châtelaine en Limousin. Rentré à Paris, après la campagne de 1800, son mari acheta, le 2 thermidor an IX (21 juillet 1801), des époux Gabriel de Clédat, moyennant quatre-vingt-quatre mille francs payés comptant, la terre de Saint-Vitte, qui comprenait, avec un petit château et l'étang du Colombier, les trois domaines du Chateney et ceux du Chassin, de Lavaux et de La Vergne. Ces biens avaient appartenu antérieure-

---

(1) Archives Nationales, F7 6405.

ment à M. de Grégoire de Saint-Sauveur et à Madame Augustine de Joussineau de Tourdonnet, sa femme [1]. Le général put prendre bientôt possession de sa terre, car il fut mis en non-activité le 23 septembre 1801, mais il ne s'y installa pas. Il se fixa, avec sa famille, dans sa petite ville natale, à Lubersac, où il possédait un enclos [2] et quelques domaines [3]. C'est là que naquit, le 20 décembre 1801, l'aînée de ses filles, Marie-Joséphine [4], qui devait épouser, en premières noces, le baron de Vatry, et, en secondes noces, le duc d'Elchingen, fils du maréchal Ney [5].

---

(1) Contrat passé en l'étude de M° Pérignon, notaire à Paris, le 2 thermidor an IX. (Communication de M. Camille Leymarie.)

(2) Il avait acheté, au bas de la ville, non loin de la grande place, une maison avec un enclos entre deux rues. Cette maison a passé, dans la suite, à M. Cousty, dont le gendre, M. Joseph Brunet, a été ministre de l'Instruction publique; elle fut vendue par la famille Cousty à M. Bon, notaire, qui la fit reconstruire et y a habité jusqu'à sa mort.

(3) Ces domaines étaient situés à proximité de la ville, du côté où se trouve aujourd'hui la station du chemin de fer. Ils sont devenus plus tard la propriété de l'Etat qui les vendit en 1851 à M. Sauvage. Ils appartiennent maintenant à la nièce de ce dernier, Mme de Génis.

(4) « Du vingt neuvième jour du mois de frimaire, l'an X de la République française [20 décembre 1801], acte de naissance de Marie Joséphine Souham née cejourd'huy à six heures du matin, fille du citoyen Joseph Souham, général de division des armées de la République et de la citoyenne Anne Rosalie Desperiez son épouse. Le sexe de l'enfant a été reconnu être féminin. Premier témoin, Jacques Giraudie Lavialle, officier de santé, âgé de trente deux ans, demeurant à Lubersac. Second témoin, Marie Dandaleix, grand mère, âgée de soixante dix ans, demeurant aussi à Lubersac. Sur la réquisition à nous faite par ledit Joseph Souham. Et ont signé, Lansade, maire de Lubersac, Souham, femme de Souham. » Archives communales de Lubersac.

(5) De son mariage avec le baron de Vatry, Marie-Joséphine Souham a eu un fils unique, le colonel baron de Vatry, né en 1828, mort en 1891, qui a fait don au Musée de Tulle d'une belle copie du

Un nouveau lien allait encore le rattacher au Limousin. Le 27 avril 1802, il était appelé au commandement de la 20e division militaire qui avait son quartier général à Périgueux et dont dépendait le département de la Corrèze. Il occupa ces fonctions pendant près de deux ans. Le traité d'Amiens (25 mars 1802) venait de mettre fin aux difficultés entre la République et l'Angleterre ; l'expédition de Saint-Domingue était terminée ; celle de la Guadeloupe à la veille de l'être. Bonaparte, proclamé Consul à vie (2 août), accordait la paix au monde entier. C'est pendant cette accalmie que Souham commanda la division de Périgueux.

Il était à Lubersac le 2 février 1803 et y comparaissait en personne devant l'officier de l'état civil pour la déclaration de naissance d'un de ses enfants, Pierre-Edouard, qui mourut à l'âge de vingt mois [1].

Général de division, commandant territorial de

------

portrait du général Souham peint par Henri Scheffer. Le baron de Vatry a laissé deux filles, Mᵐᵉ la baronne de Marcuil et Mᵐᵉ de Fraville qui ont chacune trois enfants.

De son second mariage avec le duc d'Elchingen, elle a eu un fils et une fille, Michel Ney, duc d'Elchingen, et Hélène Ney, princesse Bibesco. Michel Ney, décédé en 1881, est représenté par six enfants, la princesse Murat, le prince de la Moskowa, Rose, Charles duc d'Elchingen et Violette. La princesse Bibesco a cinq filles.

(1) « Du treizième jour du mois de pluviose, l'an onze de la République française [2 février 1803], acte de naissance de Pierre Edouard Souham, né ce jourd'hui, à quatre heures du matin, fils du citoyen Joseph Souham, général de division des armées de la République, et de dame Anne Rosalie Desperiez, son épouse. Le sexe de l'enfant a été reconnu être masculin.

» Premier témoin Jean Debernard, propriétaire, âgé de trente six son propre département, propriétaire de beaux domaines dans un canton voisin, Joseph Souham était revenu à Lubersac couronné de gloire, heureux et riche. Parti de rien, il était monté en dix ans au premier grade de l'armée. Il avait conduit ses soldats à la victoire sur tous les champs de bataille de la Belgique, de la Hollande et de l'Allemagne. Dans sa rapide et brillante carrière, il n'avait rencontré qu'un obstacle qui avait empêché peut-être son élévation au commandement en chef : la fatalité avait fait de lui le collaborateur de Pichegru et de Moreau, hommes de guerre émérites, mais indécis dans leur attitude politique, compromis et suspects. Son nom n'avait été mêlé qu'à leurs triomphes, jamais à leurs intrigues ; il était resté pur. Il n'en portait pas moins comme une tache originelle. Deux fois obligé de se défendre contre des accusations injustifiées, il avait subi une disgrâce ; bientôt, en pleine sécurité, en pleine fortune, il allait être frappé d'un coup plus terrible.

---

ans, demeurant à Lubersac, comme fondé du général Depont, commandant la 2ᵉ division militaire, à Charleville.

» Second témoin Madame Marie Marguerite Elisabeth Tixier Lachapelle, veuve Chambon, âgée de trente quatre ans.

» Sur la réquisition à nous faite par le dit général Souham.

» Constaté suivant la loi, par moi Guillaume Doussaud, maire de Lubersac, faisant les fonctions d'officier public de l'état civil.

» Ont signé au registre : Souham, Chambon née La Chapelle, Debernard et Doussaud maire. »

Pierre-Edouard Souham mourut à Lubersac le 26 vendémiaire an XIII. (Archives communales de Lubersac.)

La rupture de la paix d'Amiens (12 mai 1803) ayant rouvert l'ère des hostilités avec l'Angleterre, les royalistes réfugiés à Londres crurent le moment favorable pour tenter un coup de main contre le premier Consul. Quelques émigrés résolus débarquèrent à la falaise de Biville et gagnèrent Paris. Parmi eux étaient Georges Cadoudal et Pichegru. Ils voulaient préparer l'arrivée du comte d'Artois et du duc de Berry, et comptaient sur le général Moreau pour se mettre à la tête du mouvement. Le complot fut découvert. Le 15 février 1804, Moreau était arrêté ; Pichegru était livré à la police quelques jours après.

Depuis sa campagne de Hollande, Souham n'avait pas revu Pichegru ; il n'avait conservé avec le vainqueur de Hohenlinden que des relations d'amitié. Les intrigues de l'abbé David allaient le compromettre. Napoléon, qui voulait frapper les esprits par la rigueur du châtiment, effrayer les hésitants, terroriser les suspects, fit plus d'une victime innocente. L'ombre du jeune duc d'Enghien plane sur cette époque de son histoire. Le 16 février 1804, il destitua le général Souham et fit signer, par le ministre de la justice Regnier, cet ordre d'arrestation :

« Paris, le 26 pluviôse l'an 12me.

» Le Grand-Juge et Ministre de la Justice, ordonne, en vertu de l'article 46 de la Constitution, d'arrêter le général Souham, commandant la 20me division militaire, prévenu de conspiration contre l'Etat, avec les généraux Moreau, Pichegru et le brigand Georges.

» Ses papiers seront mis sous les scellés.

» Les autorités civiles et militaires sont invitées et requises, au besoin, de prêter assistance pour l'exécution du présent ordre.

» REGNIER [1] »

Le 19 février, le capitaine de gendarmerie Barier notifia l'ordre d'arrestation au général Souham, qui se trouvait à Lubersac, au milieu de sa famille, s'assura de sa personne, et, sans avoir à vaincre aucune résistance, le dirigea sur Paris où il fut enfermé au Temple.

Réal procéda à son interrogatoire, le 1er germinal (22 mars 1804) ; le document nous fait connaître les soupçons qui pesaient sur le général et met en lumière le rôle joué dans l'affaire par l'abbé David, son cousin.

D. Quels sont vos nom, prénoms, âge, lieu de naissance, domicile et profession ?

R. Je m'appelle Joseph Souham, âgé de 42 ans, né à Lubersac (Corrèze), domicilié à Périgueux

____

(1) Arch. Nationales, F7 6405.

(Dordogne). Je suis général de division au service de la République depuis 1793.

D. Avez-vous connu l'abbé David?

R. Oui, il est du même pays que moi, parent de ma mère; je l'ai connu que j'étais très jeune.

D. N'est-ce pas vous qui lui avez procuré de l'emploi lorsque vous commandiez?

R. Lorsque je commandais au camp de la Madeleine, l'abbé David, poursuivi par le Comité révolutionnaire, vint à la fin de 1793 à mon quartier général près de Lille; il resta auprès de moi comme un homme qui vient demander l'hospitalité. A peu près à cette époque le général Pichegru, vint prendre le commandement de l'armée du Nord; David fit sa connaissance, se lia très étroitement avec lui et dès lors ne le quittait plus. Pichegru ayant quitté ce commandement pour celui de l'armée du Rhin, David resta avec moi; il y était même encore lors de la guerre de l'Helvétie; mais à cette époque, fatigué de la manie qu'avait l'abbé David de parler sans cesse de politique, je profitai de l'occasion qui se présenta pour m'en séparer. Il obtint d'un fournisseur, une place de sous-garde magasin, à ce que je crois, du côté du Valais. Depuis lors, sept ou huit mois après, de retour à Paris, je l'y ai revu pour la dernière fois, car je ne l'ai point revu depuis que je suis dans ma division. Je dois même ajouter que de retour de l'armée du Rhin, et lors de mon dernier séjour à Paris, l'abbé David, qui se trouvait dans cette ville et à qui j'avais fait défendre ma porte par la seule raison que ces éternelles dissertations politiques m'ennuyaient, ne s'y est point présenté. Depuis, il m'a écrit à Lubersac et toujours en me faisant des morales et des mercuriales, et je dois dire que ses lettres m'ennuyaient comme sa conversation. Je me rappelle que, dans une de ses lettres que je crois être la dernière, il m'annonçait que le général Pich.... lui avait fait avoir une place de six mille francs en Angleterre, et qu'en lui annonçant cette place le général Pich.... lui demandait de mes nouvelles; il m'ajoutait qu'il avait vu plusieurs fois à Paris le général Mo... et qu'il espérait, lui David, réconcilier deux hommes qui n'auraient jamais dû se brouiller. Cette lettre est la seule à laquelle je priai ma femme de répondre pour moi, et je recommandai bien à ma femme d'envoyer au diable l'abbé David et son protecteur.

D. N'avez-vous pas reçu directement des lettres de Pichegru, depuis qu'il est en Angleterre?

R. Je n'en avais pas même reçu de lui depuis qu'il est déporté.

D. Ne lui avez-vous pas écrit par l'abbé David?

R. Nullement.

D. Avez-vous entretenu depuis trois ans quelques liaisons avec le général Moreau?

7

R. La seule correspondance que j'aye eue avec le général Moreau, depuis que je suis parti de Paris a été à l'occasion d'envois de truffes que je lui faisais deux fois par an.

D. Ces petits présens annoncent une sorte d'intimité, ils font présumer que vous avez dû avoir, avec le général Moreau, une correspondance sur d'autres objets ?

R. Je n'en ai eu aucune autre depuis deux ans. La cause de ma liaison avec lui a été d'avoir fait la guerre avec lui pendant dix ans ; et la preuve que nous n'étions pas extrêmement liés est sa conduite à mon égard dans la dernière campagne de l'armée du Rhin. Il m'éloigna de lui autant qu'il lui fut possible et ne prit auprès de lui que des généraux beaucoup moins anciens que moi.

D. Avez-vous su que Pichegru fut en France ?

R. Je ne l'ai su qu'au moment de mon arrestation et je ne pouvais le croire, et j'étais bien plus éloigné de croire que Moreau et Pichegru pussent se voir et se réunir.

Ce qui m'a le plus étonné a été mon arrestation et les motifs qui l'ont déterminée. Je ne conçois pas comment on a pu parvenir à faire croire au Gouvernement et au premier Consul que j'étais je ne dis pas leur ennemi, mais même que je ne fusse point un de ses plus zélés defenseurs et un des hommes les plus attachés personnellement au premier Consul.

J'ai des obligations particulières au premier Consul; je ne puis oublier la manière dont il m'a reçu, le résultat de la dernière audience qu'il m'avait accordée et l'attention particulière de me donner pour commander la division que je lui avais demandée. Je m'y occupais uniquement du soin de faire aimer le Gouvernement et d'y faire connaître et apprécier le premier Consul. Je donnais quelques soins à des travaux utiles et au perfectionnement de la race des chevaux limousins. Le premier Consul a dû être instruit par le colonel Lasalle, qui s'en était chargé, que depuis deux ans j'avais donné des soins particuliers à deux très beaux chevaux, et mon plus doux plaisir dans cette occupation était de les présenter et de les offrir au premier Consul et comme un échantillon de ce que pouvait offrir la race perfectionnée des chevaux limousins, dans sa véritable race.

Solliciter en faveur du Haras de Pompadour l'attention et la bienveillance particulière du Gouvernement et offrir au premier Consul ce seul témoignage de ma reconnaissance, ces sentimens m'occupaient encore au moment où je fus arrêté, et il m'est impossible de penser que j'aye jamais donné lieu à perdre la confiance du premier Consul.

Je réclame sa justice, un moment d'audience; je le réclame au premier moment où il m'est permis de parler, et il est impossible que quelques minutes d'audience ne dissipent point tous les doutes et n'anéantissent point tous les soupçons.

» Lecture faite du présent interrogatoire, le dit interrogé a déclaré qu'il contenait vérité, y a persisté et a signé avec nous.

SOUHAM, RÉAL [1].

L'abbé David avait été incarcéré en même temps que Souham. Le préfet de police, qui instruisait l'affaire avec le Grand Juge, avait reçu, à leur sujet, d'un de ses agents, le 5 ventôse (25 février 1804), le rapport suivant :

« Citoyen conseiller d'Etat, préfet de police, je viens vous transmettre des renseignemens sûrs, que l'on vient de me donner sur deux conspirateurs détenus au Temple, l'abbé David et le général Souham, tous deux originaires de Lubersac, département de la Corrèze.

» L'abbé David est fils d'un médecin ; avant la Révolution, il était curé à Arnac, canton dudit Lubersac, où il a demeuré pendant toute la Révolution, et ce n'est que depuis deux ans, qu'il a été à Paris, où on le croyait placé en qualité de secrétaire auprès du général Moreau.

» Cet abbé avait dans son pays la réputation d'un homme très intrigant et ce n'est que depuis

---

(1) Arch. Nationales, F⁷ 6405.

l'arrestation du général Souham, qu'on a été instruit à Lubersac de la sienne.

» La fortune des héritiers du C^{en} David, médecin,
père de l'abbé, consiste en deux métairies de la
valeur de vingt mille francs. Deux neveux de
l'abbé David jouissent de cette petite fortune ;
l'abbé David est un petit homme brun, de la taille
de cinq pieds ou environ, et de l'âge de quarante
cinq ans environ. Le village d'Arnac est à un
quart de lieue de Pompadour.

» Le général Souham a été arrêté à Lubersac,
par quatre gendarmes, et sa femme a été arrêtée
au même lieu, quatre jours après.

» Madame Souham est, dit-on, une comédienne
qui a eu deux fils avec ce général. Elle a emmené
à Paris son aîné âgé de quatre ou cinq ans et a
laissé le second en nourrice à Lubersac. Le général
Souham n'habitait jamais à Périgueux, à peine y
allait-il faire quelques tournées.

» La distance de Périgueux à Lubersac est de
quatorze lieues du pays qui en valent trente de
Paris.

» L'abbé David a entraîné dans sa conspiration
plusieurs prêtres de la Corrèze et de la Dordogne.

» Telles sont les vérités que je prends la liberté
de mettre sous vos yeux, citoyen conseiller d'Etat ;
je désire ardemment qu'elles soient mises aussi
sous les yeux du juge rapporteur.

» Le général Souham a laissé à Lubersac, une mère, une fille et une nièce qui habitent avec lui.

» On était surpris que le gouvernement ne fût pas instruit qu'il n'habitait jamais dans le chef-lieu de sa division militaire, ce qui fatiguait beaucoup les pauvres ordonnances.

» J'ai recueilli tous ces renseignemens de M. Tuilier, qui arrive à l'instant de Lubersac, et qui connaît parfaitement l'abbé David et le général Souham, qui a la réputation d'être un des grands joueurs de France.

» Mille pardons, citoyen conseiller d'Etat, de mon importunité, je suis trop l'ami du Gouvernement pour être indifférent sur tout ce qui peut l'intéresser.

» Signé : MALARDEAU St LEGER [1]. »

De nouveaux renseignements arrivaient bientôt à la préfecture de police et dénonçaient la vie luxueuse et peu militaire de Souham :

« A l'exemple de M. Drake, écrivait le dénonciateur, le général Souham se tenait éloigné des yeux des Argus, et sous prétexte d'économie, il

---

(1) Lettre adressée au Conseiller d'Etat, préfet de police, en date de Sainte-Livrade (Lot-et-Garonne) le 5 ventôse an XII. Archives Nationales, F7 6405.

avait sollicité et obtenu du Gouvernement d'habiter Lubersac, lieu de sa naissance.

» Souham n'allait à Périgueux, chef-lieu de sa division militaire, que pour y faire des prosélytes qu'il attirait chez lui à Lubersac, sous prétexte de les faire chasser aux chiens courans, dans un pays très giboyeux.

» Quinze chiens courans et une table des plus recherchées attiraient à Lubersac des individus de toutes les classes et de tous les pays.

» Les joueurs surtout y jouaient un grand rôle ; en un mot on ne parlait que des plaisirs de Lubersac et des grâces de madame Souham. Les seules ordonnances qui étaient obligées de faire quatorze lieues du pays et de traverses, juraient contre Lubersac, malgré la bonne réception que leur faisait le général.

» Les habitans de Lubersac se plaignaient de leur côté que le séjour du général Souham faisait augmenter le prix de leurs denrées, et que sa meute leur faisait aussi beaucoup de tort, soit dans leurs récoltes, soit par la consommation du pain de froment qu'il prodiguait à ses chiens ; mais tout cela n'est rien en comparaison de l'horrible complot qui se tramait pendant tout ce tems là.

» L'abbé David, ci-devant curé à Arnac, canton de Lubersac, était un des commensaux de la maison du général Souham. Il y a environ deux ans qu'on apprend à Lubersac que cet abbé est parti tout à coup pour Paris où il n'avait aucune connaissance, et qu'il y est placé auprès du général Moreau, en qualité de secrétaire; et Lubersac n'a été instruit de son arrestation qu'au moment où il a appris celle du général Souham.

» D'Angoulême à Lubersac, il y a vingt-huit lieues de pays et de traverse, et cette grande et pénible distance n'empêchait pas le citoyen Liedot, préposé du payeur divisionnaire, d'aller souvent chasser à Lubersac. Ce Liedot est un jeune homme de Paris qui a servi dans les vivres de l'armée d'Italie.

» On notera que le général Souham n'attirait chez lui que des gens immoraux et pensant comme lui. On croit que Souham a été garde du corps du ci-devant roy. Sa fortune dans le principe ne valait pas douze mille francs. — *Fiat Lux,* et que le Gouvernement triomphe enfin de ses plus cruels ennemis.

» L'abbé David a été tranquille jusqu'à l'arrivée de Souham à Lubersac. Le château de Pompadour est situé dans la ci-devant paroisse du dit abbé qui n'a quitté son poste que pour aller à Paris [1]. »

Ces dénonciations étaient peu précises. Les parties de chasse et de jeu auxquelles Souham

---

(1) Arch. Nationales, F7 6405.

conviait ses amis, son éloignement du chef-lieu de sa division pouvaient motiver un avertissement, une réprimande, une mesure disciplinaire. Quant à l'impliquer dans le complot de Cadoudal pour quelques truffes envoyées à Moreau et quelques lettres écrites à l'abbé David, cela paraissait difficile. Il aurait fallu d'autres preuves. Mais Madame Souham n'était pas restée étrangère à cette correspondance. C'est elle qui avait répondu à la lettre la plus mystérieuse de David. Elle pourrait donner, sans doute, d'utiles renseignements. Pour la faire parler, on résolut son arrestation.

Le 7 ventôse (27 février), le lieutenant de gendarmerie Plazanet, en résidence à Périgueux, reçut l'ordre de se rendre à Lubersac, de s'y saisir de Madame Souham et de la conduire à Paris devant le Grand Juge. Cet officier s'acquitta de sa mission avec toute la convenance et tous les égards qui étaient dus à la prisonnière.

Sept jours après, elle comparaissait devant Réal qui dressait le procès-verbal suivant de son interrogatoire :

« Paris, le quatorze ventôse l'an 12 de la République, nous Conseiller d'Etat, spécialement chargé de l'instruction et de la suite de toutes les affaires relatives à la tranquillité et à la sûreté intérieure de la République,

» Avons fait comparaître devant nous la dame

épouse du général Souham et l'avons interrogée ainsi qu'il suit :

— Dites-moi votre nom, votre âge, le lieu de votre naissance, votre demeure.

— Anne-Rosalie Despérier, née à Lisieux, département du Calvados, le 4 septembre 1767 ; je demeure à Lubersac où sont les petites propriétés de mon mari.

— Savez-vous pourquoi il a été décerné contre vous un mandat d'amener ?

— Non, je ne sçais pas encore ; j'ai présumé que c'était à la suite de l'arrestation de mon mari.

— Je vous représente une lettre que vous avez écrite le onze brumaire à l'abbé David ; cette lettre, que vous avez écrite en réponse à une autre lettre que vous adressait l'abbé David, fait présumer que David vous écrivait ou à votre mari des lettres énigmatiques sur Moreau et Pichegru, sur une réconciliation qu'il ménageait entre ces deux généraux ; vous annoncez dans cette réponse que s'il arrivait un événement orageux et que l'on vît ses lettres elles pourraient faire penser que votre mari quoiqu'innocent serait coupable ; je vous prie de lire la lettre que vous lui adressiez, et de me donner connaissance de ce que contenait la lettre à laquelle vous répondiez et surtout de me dire ce qui dans cette lettre causait les inquiétudes que vous indiquez dans votre réponse.

— Je vais vous dire tout ce que ma mémoire pourra me fournir. Mon mari a servi avec Pichegru, il a servi avec Moreau; je ne parle de ces faits que par ouï-dire, car je n'étais pas alors unie avec M. Souham. Je n'ai même jamais vu Pichegru. J'ai sçu avec toute la France que Moreau s'était brouillé avec Pichegru, par la découverte et la publication de la correspondance saisie. J'ai depuis connu l'abbé David parce qu'il est parent éloigné de ma belle-mère. Il était connu de mon mari qui l'avait vu dans le Limousin, et David ne sachant où donner de la tête était venu le trouver à l'armée. C'est du moins ce que j'ai entendu dire, car, je le répète, je n'ai aucune connaissance personnelle de ces faits. C'est à cette occasion encore, à ce que je crois, que David a connu les généraux Moreau et Pichegru. Je ne l'ai connu personnellement que longtemps après le dix-huit fructidor et lorsque je revins avec mon mari de la Belgique où il avait commandé. C'est à Paris que je l'ai connu. David était encore dans le besoin. David a toujours passé pour une tête légère, irréfléchie, patriote exagéré dans les premiers tems de la Révolution, et paraissant dans d'autres moments d'une opinion opposée, n'ayant, je crois, aucune opinion arrêtée, aucune opinion à lui, mais naturellement enclin à soutenir une opinion contraire à celle du moment. Il se permettait de donner par lettre quelques leçons à mon mari, qui au reste ne l'a pas vu, du moins je le crois, depuis qu'il lui avait fait obtenir un magasin en Suisse. Mon mari s'impatientait et des leçons très indiscrètes que se permettait l'abbé David et aussi de ces leçons. Je me rappelle que David écrivit un jour une lettre à mon mari dans laquelle il parlait de Moreau et de Pichegru en n'indiquant que les initiales Mor... et Pich.... Ce demi-mystère donna vraiment de l'humeur à mon mari. Et l'objet même de la correspondance lui paraissait ne pouvoir entrer que dans une tête aussi légère. Mon mari ne concevait pas comment l'abbé David prenait de lui-même la singulière mission de la réunion de Moreau et de Pichegru. Mon mari d'ailleurs est l'homme qui se mêle le moins d'affaires et de politique. Ennuyé de toutes ces leçons déplacées et de cette correspondance si follement mystérieuse, mon mari jetait les lettres de David au feu. Il ne voulait plus en recevoir. Un jour que mon mari était absent, je trouvai sur la cheminée une lettre de David qui n'avait point été brûlée ; je profitai de la circonstance pour écrire la lettre que vous avez sous les yeux. Je vous assure que dans la lettre à laquelle je répondais, il n'était question d'abord que de quelques leçons que l'abbé David s'était permis envers mon mari sur la passion passée du jeu et de l'intention où il était de réconcilier Moreau et Pichegru. Depuis, l'abbé David nous écrivit de Calais, nous annonçant qu'il persistait dans son projet et que sa tête n'était point aussi mauvaise que je l'avais pensé.

— Les expressions de votre réponse semblent indiquer qu'il était question de quelques faits plus graves dans la lettre à laquelle vous répondiez. Car s'il ne s'était agi que des projets de réconciliation vous n'auriez pas témoigné l'inquiétude de paraître coupable, vous n'auriez point parlé de la position douloureuse dans laquelle vous aurait jeté la découverte, vous n'auriez pas parlé de la difficulté que l'on éprouverait à découvrir la vérité. Ces expressions et tout ce qui suit fait présumer que David vous parlait dès lors du projet dont l'exécution était sans doute le retour de Pichegru à Paris, sa réunion à Moreau et des projets devant faire suite à cette réunion ; je vous prie de me dire la vérité ; je vous observe que David a parlé.

— Je vous assure que je vous ai dit la vérité. Ces demi-mots, ces initiales de noms si connus et si gauchement déguisés me donnaient seuls de l'inquiétude. Il était si simple de nous annoncer que l'on voulait réconcilier Moreau et Pichegru ; mais je ne pouvais me dissimuler que le mystère que l'on mettait dans cette annonce pouvait dans une circonstance orageuse être mal interprété et avoir des suites dangereuses, et vous voyez que malheureusement j'avais trop bien prévu.

— Depuis quel tems votre mari a-t-il quitté Paris ?

— A l'époque où sa division lui a été donnée ; il n'y est pas revenu depuis.

— Avez-vous reçu ou votre mari a-t-il reçu, depuis qu'il est à sa division, une lettre de David ?

— C'est à sa division que mon mari a reçu la lettre à laquelle je répondais. David n'a point écrit depuis sa lettre datée de Calais ; elle m'était adressée en réponse à celle du onze brumaire [1]. »

Les dépositions des témoins ne révélèrent aucune charge sérieuse contre le général Souham ; l'explication qu'il avait donnée de sa conduite paraissait vraisemblable ; ses déclarations et celles de sa femme étaient nettes et franches. On ne pouvait, sans un abus criant, le tenir plus longtemps sous les verrous de la prison de l'Abbaye où il avait été transféré. Le Grand Juge Regnier signa l'ordre de son élargissement et le transmit, le 1er floréal an XII (21 avril 1804), au préfet de police Réal par la lettre suivante :

« Je vous authorise, citoyen Préfet, à mettre en liberté le général Souham. — L'intention du Gouvernement est qu'il retourne incontinent dans son pays. Vous veillerez à ce qu'il quitte Paris sans le moindre retard.

» Le général Souham est détenu à l'Abbaye. Le

---

(1) Archives Nationales. F⁷ 6405.

concierge de cette maison a reçu l'ordre de le tenir à votre disposition, et je viens d'informer le gouverneur de Paris que le général va quitter cette prison [1]. »

Remis en liberté, Joseph Souham se retira à Lubersac. Il y eut un autre enfant, Henry [2], qui devait embrasser la carrière militaire et mourut encore jeune, arrivé au grade de capitaine de cavalerie.

Sa fortune consistait alors dans la terre de Saint-Vitte, qu'il avait achetée à bon marché, mais qui ne donnait pas de bien gros revenus, et dans ses immeubles de Lubersac. Sa famille s'était rapidement augmentée. Il était habitué à un train de maison dispendieux, aimait le jeu, les chiens de race, les beaux chevaux [3]. Son traitement de divisionnaire lui avait permis de faire face à ces dépenses. Le traitement supprimé, il se trouvait sans ressources suffisantes et fut obligé, à la date du

---

(1) Archives Nationales. F7 6405.

(2) « Du 20ᵉ jour du mois de thermidor an XII de la République française, acte de naissance de Henry Souham, né cejourd'huy à huit heures du matin de monsieur Joseph Souham, général de division, et de madame Anne-Rosalie Desperiez, son épouse, demeurant à Lubersac. Témoins : Geraudie Lavialle, 40 ans, et Jean Debernard. Sur la réquisition du général Souham. — Signé : Doussaud, maire, Souham, Debernard et Lavialle. » Archives communales de Lubersac.

(3) Le *Journal officiel du Département de la Haute-Vienne* (11 frimaire an XI — 2 décembre 1802) rend compte d'une chasse qui fut courue à grand équipage dans les environs de Saint-Germain-les-Belles. Le général Souham y assistait et avait établi chez lui les équipages.

25 avril 1805, d'emprunter une somme de 30,800 francs, pour garantie de laquelle il hypothéqua ses immeubles de Saint-Vitte [1].

Dans le courant de la même année, il fut recherché par l'hospice de Limoges au sujet du paiement d'une rente obituaire qui grevait ses domaines. D'après une loi du 4 ventôse an IX et plusieurs arrêtés du gouvernement, les rentes en argent ou en nature pour fondations à des cures et à des paroisses, dont le service avait été interrompu ou qui avaient échappé aux investigations de la régie des domaines, étaient affectées et attribuées aux hospices. L'hospice de Limoges, en vertu de ces dispositions législatives, réclama au général Souham, par un acte du 16 octobre 1805, le paiement des arrérages de la rente obituaire qui grevait son château et la reconnaissance à nouveau de la rente. A cette sommation le général répondit, le 23 octobre, qu'il ignorait l'existence de cette charge; que les administrateurs de l'hospice, en leur qualité de demandeurs, étaient tenus tout d'abord d'en justifier, ajoutant qu'il était prêt à payer au vu des contrats qui établissaient cette rente. Il s'agissait d'une somme peu importante,

(1) Par contrat passé en l'étude de Me Fournier, notaire à Limoges, Joseph Souham reconnaît devoir à Louis Descoutures, propriétaire demeurant à Limoges, rue Croix-Neuve, une somme de 30,800 fr., et affecte en garantie les réserve, préclôture et domaines qu'il possède à Saint-Vitte. (Document communiqué par M. Camille Leymarie.)

qui ne s'élevait pas à plus de cent soixante et un francs pour les cinq dernières années d'arrérages échus [1].

Ces petits soucis d'administration de ses biens occupaient les loisirs auxquels Souham était condamné. L'inactivité devait lui être pesante. Pendant qu'un huissier lui signifiait des actes où il est qualifié de « monsieur Joseph Souham, ex-général de division, habitant à Lubersac [2] », Napoléon, proclamé empereur, formait sa *grande armée*, distribuait, dans la plus imposante des cérémonies, au camp de Boulogne, devant cent mille spectateurs, des croix à ses soldats et à ses officiers [3], entrait en guerre contre la troisième coalition, écrasait ses ennemis à Austerlitz, faisait de ses frères des rois et de ses généraux des princes, détruisait l'empire d'Allemagne, après quelques mois de répit entrait à Berlin en passant par Iéna et Auerstœdt. Souham lisait les bulletins de victoires ; il entendait sonner les cloches qui appelaient aux *Te Deum* des populations enivrées de gloire ; il apprenait les actions d'éclat de ses anciens camarades. Les plus brillantes et les plus

______

(1) Document communiqué par M. Camille Leymarie.
(2) Acte du 18 août 1806, communiqué par M. Camille Leymarie.
(3) H. Taine. *Les Origines de la France contemporaine*, t. V, p. 339 et note 1.

heureuses campagnes de l'Empire se faisaient sans lui. Impuissant, les bras liés par le décret qui l'avait destitué, jaloux de tant de renommée que d'autres acquéraient à sa place, il assistait, de sa retraite de Lubersac, à l'apothéose de la France militaire.

CHAPITRE VIII

LA GUERRE D'ESPAGNE.

Quand il fallut combler les vides que la campagne de Prusse avait faits dans les rangs de son état-major, après la sanglante bataille d'Eylau, l'Empereur se souvint du général Souham. Le 16 mars 1807, il le rappela à l'activité.

Envoyé d'abord à l'armée d'Italie (8 juin 1807) où, sans peine, Napoléon arrondissait son royaume au détriment du pape et des enfants du roi d'Etrurie, Souham y reçut le commandement d'une division à Vérone.

La fortune ne lui tenait pas rigueur. Il avait, depuis quelques mois, acheté, dans les environs de Saint-Germain-les-Belles, une autre propriété, la terre de la Gourgauderie et y avait installé sa famille. Peu de temps après son départ pour Vérone, sa femme lui donna un troisième fils dont l'Empereur accepta d'être le parrain. Le baptême eut lieu à Limoges, le 10 février 1808. Le préfet de la Haute-Vienne, délégué par Napoléon pour tenir l'enfant en son nom, arrêta et fit publier le programme suivant de la cérémonie :

« Programme de la cérémonie du baptême d'un enfant du général de division Souham, nommé par Sa Majesté l'Empereur et Roi, et tenu en son nom par le Préfet de la Haute-Vienne.

» Le Préfet du département de la Haute-Vienne, membre de la Légion d'honneur, autorisé à tenir, au lieu et place de Sa Majesté Impériale et Royale, un des enfans du général de division Souham, et à lui donner le nom de Napoléon ;

» Désirant donner à cette cérémonie toute la pompe et la publicité qu'exige la faveur insigne que S. M. accorde au général Souham ; après s'être concerté, tant avec M^r l'Evêque de Limoges, qu'avec M. le commandant du département ;

» Arrête les dispositions suivantes :

» Art. 1er. La cérémonie du baptême de l'enfant du général Souham aura lieu le mercredi, 10 février à midi, dans l'église cathédrale de Limoges. M^r l'Evêque procédera personnellement à la célébration. La cérémonie sera annoncée dès la veille, à six heures du soir, par une salve d'artillerie et par le son de toutes les cloches de la ville, mises à la volée pendant une heure.

» 2. Le mercredi, 10 février, à 8 heures du matin, la salve d'artillerie et la sonnerie de la veille seront répétées.

» 3. MM. les présidens et procureurs généraux et impériaux des cours et tribunaux, M. le commandant du département, MM. les conseillers de préfecture et secrétaire général, MM. les maire et adjoints et commissaires de police de la ville de Limoges seront invités à se rendre à l'hôtel de la Préfecture, à 11 heures, pour la cérémonie.

» 4. Un détachement de la garde nationale, la compagnie de gendarmerie impériale du département, celle de réserve, le détachement du 16e régiment d'infanterie légère, en recrutement, et le corps des pompiers, s'y rendront à la même heure.

» 5. Les artistes et amateurs musiciens sont pareillement invités à s'y trouver.

» 6. A 11 heures et demie, le cortège sortira de l'hôtel de la Préfecture et se mettra en marche dans l'ordre suivant :

» Un détachement de gendarmerie à cheval ouvrant la marche.

» Le détachement de la garde nationale.

» Les artistes et amateurs jouant des airs analogues à la circonstance.

» Le corps des pompiers, le détachement du 16e et la compagnie de réserve, sur deux lignes.

» Au milieu, les commissaires de police à cheval.

» Une première voiture pour MM. les maire et adjoints.

» Une seconde, pour MM. les conseillers de préfecture et secrétaire général.

» Une troisième pour MM. les procureurs généraux et impériaux.

» Une quatrième pour MM. les présidens des cours et tribunaux.

» Une cinquième et dernière, pour M. le Préfet, Madame Souham et son fils, et M. le commandant du département.

» Un détachement de gendarmerie à pied environnera la dernière voiture.

» M. le capitaine de gendarmerie sera à cheval,

à la portière de droite, et un de MM. les lieutenans à celle de gauche.

» Un détachement de gendarmerie à cheval fermera la marche.

» 7. Le cortège se mettra en route par la place de la Préfecture, les rues du Clocher, des Taulès, Fourrie, du Lycée, faubourg Boucherie, place de la Cité, rue des Sœurs de la Croix, place des Alloix et de Saint-Etienne.

» 8. Arrivés devant la porte d'entrée de la cathédrale, le détachement de garde nationale et le corps de pompiers entreront dans l'église pour maintenir l'ordre ; le surplus des troupes restera en bataille sur la place. La musique, les fonctionnaires publics, Madame Souham et son fils, et le préfet, délégué de l'Empereur, se réuniront près des fonts baptismaux.

» 9. A l'instant où le nom Napoléon sera donné à l'enfant, il sera fait, par la troupe restée extérieurement sous les armes, plusieurs décharges de mousqueterie. Une salve d'artillerie annoncera au public la cérémonie du baptême.

» 10. Après la cérémonie, le cortège se remettra en marche par les mêmes rues où il aura passé, et se rendra à l'hôtel de la Préfecture.

» 11. A 8 heures du soir, un bal, à l'hôtel de la Préfecture, donné aux fonctionnaires publics et à leurs familles, terminera la journée.

» 12. M. le Maire de Limoges donnera les ordres nécessaires pour que les rues par lesquelles le cortège doit passer, soient balayées et débarrassées, et pour qu'aucune voiture ou charrette n'y puisse circuler jusqu'après le retour du cortège.

» 13. Le présent sera imprimé et affiché.

» Fait et arrêté à Limoges, le 28 janvier 1808.

» Le Préfet : L. Texier-Olivier [1]. »

Du coup, Souham pouvait passer, aux yeux de ses compatriotes, pour un favori de l'Empereur. La vérité est que l'Empereur savait prendre les hommes, les fasciner par un peu de gloire, s'en faire des serviteurs dévoués. Après les fêtes du baptême de son fils, le général pouvait-il se souvenir de ses pénibles années de retraite à Lubersac ? Son épée lui était rendue avec la faveur du souverain. Il était prêt à entreprendre les plus rudes tâches. Il avait retrouvé son entrain et sa vigueur d'autrefois.

---

(1) *Journal du Département de la Haute-Vienne* du 5 février 1805. Dans ce journal, le document ci-dessus est accompagné de la note suivante : « Ce général, actuellement commandant une division à Vérone, est, depuis l'année dernière, devenu propriétaire et domicilié dans notre département, par l'acquisition du joli bien de la Gourgauderie, près Saint-Germain-les-belles-Filles. » Le registre des baptêmes de la paroisse de Saint-Étienne de Limoges ne contient pas l'acte de baptême de Napoléon Souham ; il ne se trouve pas, non plus, sur le double de ce registre conservé dans les archives de l'Evêché. Un registre de comptabilité de la paroisse fait connaître le produit de la quête faite dans l'église cathédrale pendant la cérémonie.

Il ne demeura pas longtemps à Vérone. Le gouvernement espagnol était, depuis 1796, l'allié de la France ; mais, en pleine crise de palais, tiraillé entre le faible roi Charles IV et l'ambitieux prince Ferdinand son fils, il ne pouvait prêter qu'un concours illusoire aux desseins que méditait Napoléon contre le Portugal et l'Angleterre. Détrôner les Bourbons d'Espagne, mettre la main sur toute la force militaire de ce pays, en faire au besoin la plate-forme de sa lutte contre les Anglais, tel fut le projet que forma l'Empereur en 1807.

Son armée fut bientôt prête. Avec le 1er léger et le 42e de ligne, qui étaient dans le Piémont, et des recrues fournies par la dernière conscription, il forme une division de 7,000 hommes, met Souham à sa tête (7 septembre 1808) et l'envoie en Catalogne. Une autre division est placée sous le commandement du prince Eugène. Elles obéissent toutes les deux au général Gouvion Saint-Cyr. Le 1er et le 6e corps devaient bientôt les rejoindre ainsi que trois divisions de dragons qui guerroyaient en Allemagne. D'autres régiments, tirés de la garde, venus des bords de l'Elbe et de Paris, prenaient la même direction. C'était en tout 110,000 à 115,000 hommes. Napoléon lui-même allait prendre, en novembre 1808, le commandement général de cette armée et faire sa fameuse trouée au milieu des troupes espagnoles, partout battues, jusqu'à Madrid.

Le général Duchesne était bloqué dans Barcelone, lorsque le corps de Gouvion Saint-Cyr, duquel dépendaient les divisions de Souham et de Pinot, se mit en marche pour le délivrer. 23,000 Français allaient combattre contre 40,000 Espagnols, dans une province où les accidents de terrain doublaient la difficulté des opérations. Le 6 novembre 1808, Saint-Cyr investit la place de Roses. Le général Pinot, dont la division comprenait surtout des régiments italiens, commence le siège. Chargé de le couvrir contre les armées de secours, Souham s'établit dans la plaine de Lampourdan ; il est attaqué par le général Alvarez ; mais trois bataillons et une compagnie de dragons suffisent pour repousser l'ennemi (24 novembre). Après une vigoureuse résistance, la garnison de Roses se rendit le 5 décembre.

Cette place enlevée, Saint-Cyr reprend sa marche sur Barcelone, marche pénible, par d'étroits sentiers, sur des pentes difficiles. La conduite de son corps d'armée fut admirable. Souham avait sous ses ordres le 24e régiment de dragons, qui fit des prodiges. C'étaient, chaque jour, des attaques et des engagements. Les défilés étaient gardés par des miquelets, les villages occupés par des soldats qui harcelaient continuellement nos colonnes. Le 14 décembre, au moment où les dragons de Souham, à pied, menant leurs chevaux par la bride, traversaient une gorge près d'Hostalriz, la garnison de cette petite place fait une sortie. Habitués aux combats d'infanterie, les dragons laissent leurs chevaux, s'élancent sur les Espagnols et les mettent en fuite.

Sur le plateau de Cardaben, à deux journées de Barcelone, 15,000 Espagnols, commandés par don Juan de Vivès, veulent arrêter la colonne. Saint-Cyr, dont les munitions sont presque épuisées et qui n'a pas d'artillerie, ordonne à ses troupes de ne pas tirer, de fondre à la baïonnette, en masses serrées, sur l'ennemi, et de s'ouvrir ainsi un passage. Souham et Pinot donnent à leurs troupes un tel élan, que rien ne leur résiste. Elles passent en enlevant douze pièces de canon et faisant 1,200 prisonniers. La route de Barcelone était ouverte. Saint-Cyr y arriva le 17 décembre. Le général Duchesne était débloqué.

Après deux journées d'un repos bien gagné, le général en chef continua son mouvement en avant, avec son corps d'armée et l'une des deux divisions de Duchesne. Il atteignit, le 20 décembre, l'armée espagnole, forte de plus de 30,000 hommes, établie derrière le Lobregat, dans une solide position. Les divisions de Souham et de Pinot franchissent la rivière à gué, gravissent au pas de charge les hauteurs sur lesquelles les ennemis sont postés, les abordent à la baïonnette, rompent leurs lignes et les rejettent en désordre. Le 24ᵉ dragons se

met à leur poursuite, les pousse au galop pendant
plusieurs lieues et leur enlève leurs canons, leurs
voitures, leurs sacs et leurs fusils. « Il y a peu
d'exemples d'une charge aussi hardie, aussi rapide
et aussi efficace [1]. » L'armée espagnole était
dispersée, et Saint-Cyr restait le maître de la
province.

Il cantonna ses troupes entre Barcelone et
Tarragone. Mais les ravitaillements étant difficiles
et les détachements ennemis harcelant sans cesse
nos soldats, il donna l'ordre d'occuper un pays
plus sûr et moins dévasté. Souham s'établit à
Valls et Pinot à Pla, sur le bords du Francoli.
Dans la nuit du 24 au 25 février 1809, le général
Reding sortit des défilés de Montblanch et se mit
en bataille sur la rive droite de cette rivière. Soutenue par de nombreux miquelets, sa position
était excellente. En face de lui Souham était seul;
il ne doutait pas de l'écraser. Il passe le Francoli
et se heurte d'abord au 24ᵉ dragons. Le combat
s'engage vivement; Souham tient bon, résiste à
tous les chocs, et, après six heures de lutte, force
les Espagnols à repasser la rivière. A ce moment
arrive la division italienne de Pinot, conduite par
Saint-Cyr lui-même. La retraite de l'ennemi se
change alors en déroute. Le 24ᵉ dragons charge

---

(1) *Victoires et Conquêtes....*, t. XVIII, p. 233.

les fuyards, les poursuit jusque sous les murs de Tarragone. 1,500 prisonniers, l'artillerie et les bagages des Espagnols restent entre nos mains. Reding est blessé à mort d'un coup de sabre.

Au commencement du mois d'avril, l'armée française de Catalogne, qui avait occupé Reuss après son succès du Francoli, marcha sur Vique. Souham franchit les montagnes de Caldas et de Ceutelles, couvrit les défilés par lesquels s'avançaient le quartier général et les bagages, et chassa l'ennemi de toutes ses positions. Quand ses vivres furent épuisés, Saint-Cyr fut obligé de quitter Vique et décida d'aller assiéger Gérone. Dès le commencement des opérations, il fut remplacé dans son commandement par le général Augereau. Le général Blacke, qui avait succédé à Reding à la tête de l'armée ennemie, s'efforçait de ravitailler Gérone; à cet effet, il avait établi un gros de 6,000 hommes à San-Colona. Souham l'en délogea par une attaque hardie. Ses dragons culbutèrent une cavalerie ennemie trois fois plus nombreuse; l'infanterie, suivant l'exemple des cavaliers, se lança sur le village et l'emporta. Les Espagnols perdirent plus d'un millier d'hommes dans cette affaire.

Pendant une de ces prises d'armes incessantes sous les murs de Gérone, Souham faillit périr. Une colonne ennemie, conduite par le général O'Donnell, sortit la nuit de la place, s'avança silencieusement, sans tirer un coup de feu, jusqu'aux avant-postes français, égorgea les sentinelles et arriva jusqu'au camp. Surpris, Souham laisse ses bagages et se sauve à travers champs. Mais l'alarme est donnée. Les cavaliers de l'escorte du général sautent sur leurs montures. La nuit est si noire qu'ils ne peuvent charger ni se servir de leurs pistolets. Le camp s'éveille, court aux armes. Les Espagnols traversent les lignes et rentrent dans Gérone, laissant en nos mains leurs traînards.

Commencé en juin, le siège de Gérone dura six mois. La ville capitula après une défense héroïque qui coûta à la France deux mille tués, blessés ou malades.

Le pays était infesté de miquelets. Souham reçut l'ordre de les poursuivre et s'acquitta avec succès de cette tâche pénible et difficile. Sa division fit preuve d'autant d'endurance que de hardiesse. Les bandes ennemies furent pourchassées de Besalu jusqu'à Rippoll. Souham s'empara de cette dernière ville, en détruisit les manufactures d'armes et prit ses cantonnements provisoires à Olot.

Au milieu de l'hiver, les divisions Souham et Pinot se réunirent pour marcher sur Vique;

balayèrent tous les postes ennemis qu'elles ren-
contrèrent sur la route et arrivèrent facilement à
leur but. O'Donnel, qui les observait et attendait
le moment propice pour les attaquer, ne leur laisse
pas le temps de s'établir. Il fond sur elles si brusquement qu'elles sont ébranlées et reculent. C'était
entre O'Donnel et Souham le premier coup d'un
jeu serré de stratégie qui fait le plus grand honneur aux deux adversaires, mais où le chef de
l'armée espagnole, qui avait pour lui l'avantage du
nombre et de la connaissance du pays, perdit en
définitive la partie. La nuit suffit à Souham pour
concentrer sa division à Ceutelles et choisir son
terrain d'attaque. Dès le lendemain, il s'avance
sur les Espagnols. Sa formation est parfaite;
O'Donnell qui s'en rend compte, refuse le combat.
Les deux corps ennemis se guettent, l'un toujours
prêt à profiter de la faute que l'autre pourra
commettre.

Il fallait pourtant en finir avec ces manœuvres
d'échiquier, sous peine d'être un jour écrasé par
le nombre. L'armée ennemie, en effet, augmentait
sans cesse, recevait de nombreux détachements
de troupes anglaises, tandis que le corps de
Souham ne pouvait réparer ses pertes. En février
1810, avec 3,500 hommes, il bat 15,000 Espagnols près du village de Garp. Le 20 février,
nouvelle attaque, plus formidable, car O'Donnel
est à la tête de son armée forte d'environ 25,000

combattants pris parmi les meilleurs soldats anglais et les vieilles bandes espagnoles. Souham a sous ses ordres le 1er, le 42e et le 93e régiment d'infanterie légère, le 24e de dragons, le 3e régiment provisoire de chasseurs, le régiment italien de dragons Napoléon, trois pièces d'artillerie. La partie n'était pas égale : six régiments contre une armée. La première attaque des Espagnols porta sur le village de Garp, en avant de Vique. Les troupes qui y avaient été détachées se replient sur Vique, sans perdre un homme. Alors commence une fusillade générale, pendant que le 24e dragons, dont les charges sont toujours irrésistibles, met en désordre la cavalerie ennemie. O'Donnel fait porter tout son effort sur le centre; il est contenu par le 93e régiment, qui, pendant trois heures, lui résiste sans rompre d'une semelle. Sur les ailes, comme sur le centre, ses tentatives échouent. Mais le général Souham, en entraînant son 1er régiment d'infanterie, a reçu un coup de feu à la tempe gauche [1]. Il est obligé de quitter le champ de bataille et laisse au général Augereau le soin de terminer l'action. Les trois régiments de cavalerie décidèrent la victoire, coupèrent les lignes d'O'Donnel, prirent deux drapeaux et tous

---

[1] « Le coup de feu dont il porta toute sa vie la cicatrice, tiré à bout portant, fut accompagné de cette apostrophe prononcée fort distinctement : Por el général Souham ! » L.-Th. Juge. *Dictionnaire biogr. manuscrit.*

les bagages. Mille Anglais et Espagnols mirent bas les armes; les autres, débandés et démoralisés, se réfugièrent dans les montagnes.

Souham, assez sérieusement atteint, rentra en France pour soigner sa blessure. Il reçut bientôt après (19 mai 1810) le titre de comte et une dotation de 10,000 francs de rente annuelle sur la Westphalie.

CHAPITRE IX

Les emplois de Souham aux armées d'Italie et d'Allemagne.
— Il est envoyé dans le nord de l'Espagne. — L'engagement
d'Aldea da Ponte. — Récit malveillant du général Thiébault. — Wellington prend l'offensive. — Bataille des Arapiles. — Souham commande en chef l'armée du Portugal. —
Le général Maucune. — Prise de Santa-Olalla. — Retraite
de Wellington. — Brillant combat de cavalerie. — Souham
s'empare des défilés de Palencia. — Le passage du Douro.
— Acte héroïque du capitaine Guingret. — Occupation de
Valladolid. — Souham est rappelé par le roi Joseph.

Les deux années qui suivirent furent pour
Souham des années de repos. La France, après
sa glorieuse campagne contre l'Autriche, avait
signé la paix de Vienne (14 octobre 1809) ; la
Prusse, la Russie étaient liées par des traités ;
l'Italie appartenait à Napoléon. Si nos armées
occupaient la majeure partie de l'Europe occiden-
tale, elles ne se battaient qu'en Espagne. Souham,
guéri de sa blessure, fut envoyé en Italie, le 8 no-

vembre 1810, pour y prendre le commandement d'une division. Il y resta près de cinq mois, et fut employé ensuite successivement à l'armée d'Allemagne (27 mars 1811) et au corps d'observation du Rhin (24 mai). Le 3 juillet 1811, il se rapprochait du théâtre des opérations militaires : la 3ᵉ division du corps d'observation de réserve, qui fut mise sous ses ordres, avait son quartier général à Pau. Bientôt il passa les Pyrénées avec ses troupes et rejoignit l'armée du nord de l'Espagne (11 août); sa division renforça le corps du maréchal Bessières.

La tâche confiée à cet officier n'était pas facile. L'éloignement de l'armée du Portugal lui laissait beaucoup à faire dans le nord de la péninsule; il fallait occuper ou surveiller en même temps Burgos, Valladolid, Astorga, Léon et Salamanque, et se tenir prêt à donner la main, en cas de nécessité, au maréchal Marmont qui commandait l'armée du Portugal. L'appoint de la division de Souham n'était pas inutile.

En septembre 1811, Bessières fut rappelé en France et remplacé par le général Dorsenne. Les deux armées du Nord et du Portugal entreprirent alors, en commun, une marche vers l'ouest, à la rencontre de Wellington. Elles ravitaillèrent sans peine Ciudal-Rodrigo, mais laissèrent échapper l'armée anglaise.

La division du général Thiébault eut cependant avec elle un engagement heureux à Aldea da Ponte. Souham essaya d'intervenir dans cette affaire; il arriva trop tard et ne put tirer que quelques coups de canon sur les traînards du duc de Wellington. Thiébault, dans ses Mémoires, fait une grande place à ce combat et raconte avec une malveillance manifeste l'intervention de Sou- ham. Voici son récit :

« Cependant, au moment où, le combat terminé, je reformais mes lignes et où le général Watier commençait son mouvement sur Casillas, le gé- néral Souham était apparu : « Mon cher général », me bégaya-t-il du haut de ses six pieds un ou deux pouces, et avec cette assurance naturelle vis-à-vis d'un homme qu'il avait dû avoir pour aide de camp il y avait dix-huit ans, « faites vite » reprendre les armes à votre division et réatta- » quons l'ennemi. » Je devinai son motif. Le plus ancien des généraux de division employé dans nos armées, il ne pouvait combattre nulle part sans qu'il eût joué son rôle; il sortait d'un état de dis- grâce, et pour obtenir les faveurs qu'il convoitait, il fallait qu'il tirât quelques coups de canon. Mais ces considérations, très puissantes pour lui, étaient nulles quant à mes devoirs ; aussi, et ne m'arrê- tant pas même à ce fait que je ne pouvais agir avec lui sans me mettre sous ses ordres et me trouver

sous ses ordres sans lui donner le mérite de ce que
je venais de faire tout seul, je lui répondis : « La
» nuit vient ; l'ennemi est en retraite à travers les
» montagnes où l'on ne peut espérer de succès
» que par l'effet de mouvements de flanc qui ne
» peuvent être jugés et exécutés que de jour, il
» n'y a donc plus rien à faire. Mes troupes sont
» fatiguées ; elles viennent de combattre cinq heu-
» res, et elles marchent depuis dix-neuf ; elles sont
» de plus affamées et vont mettre au pot la der-
» nière viande qu'elles mangeront d'ici à Sala-
» manque ; ainsi, elles ne bougeront plus. — Eh
» bien ! répliqua-t-il, je vais demander une bri-
» gade au général Watier. — Sa division est sous
» mes ordres, repris-je ; mais, dites-lui qu'il a
» carte blanche. » Il s'adressa en effet à ce général
et n'obtint ni une brigade ni un régiment ; il prit
alors son parti, et, avec ses quatre bataillons de
grenadiers et les deux pièces de canon qu'il avait
avec lui, il marcha sur les derniers éclaireurs de
l'ennemi, leur envoya cinq ou six boulets, les suivit pendant un quart de lieue en tiraillant de la
manière la plus inutile et revint bivouaquer je ne
sais où. Son intervention ne pouvait dépasser et
ne dépassa pas les proportions d'un simple diver-
tissement ; pourtant c'en fut assez pour que, prôné
dans le rapport de Dorsenne où je n'eus qu'une
mention insignifiante, il fut fait comte, reçut une
dotation, et moi, comme de coutume et quoique,

de tous les généraux de l'armée du Nord, je fusse
le seul qui eût réellement combattu, quoique, malgré la disproportion des forces et une situation
difficile j'eusse combattu avec avantage, quoique,
sans avoir les précédents du général Souham,
j'eusse aussi un arriéré à liquider, je n'obtins d'autre salaire qu'un mauvais propos. Pour se venger
sans doute du démenti que j'avais donné à ses
assertions devant Fuenteguinaldo et de la manière
dont j'avais révélé le ridicule de la retraite à laquelle il s'était obstiné, le maréchal Marmont, qui,
avec le général Dorsenne, se porta le lendemain
matin jusqu'à Aldea, se permit de dire que mon
combat de la veille était une échauffourée. Le mot
fut, au reste, jugé comme il devait l'être et de suite
voué à l'oubli ; je ne le rappelle donc que pour
peindre l'arrogance d'un de ces hommes à qui leur
titre de maréchal défendait d'admettre aucun mérite en dehors d'eux-mêmes. Ajouterai-je que,
malgré tant de mauvais procédés, mon zèle et mon
dévouement ne se démentirent pas, alors que, trois
ans après, Marmont et Souham trahissaient de
concert et l'Empereur et la France [1]. »

La mauvaise humeur du conteur est trop évi-
dente pour qu'il soit possible d'accepter son récit
sans réserve. Dans le seul détail facile à contrôler,

---

(1) *Mémoires du général baron Thiébault.* Paris, Plon, 1895.
t. IV, pp. 526-528.

nous relevons une erreur : Souham ne tira aucun profit de cette affaire ; il avait été fait comte et avait reçu une dotation de l'Empereur peu après sa blessure au combat de Vique, pendant sa convalescence, avant son retour en Espagne. Thiébault jalousait ses collègues ; en beaucoup d'endroits, ses Mémoires sont une œuvre de passion.

Napoléon qu'absorbait tout entier la préparation de son expédition de Russie, se détachait de plus en plus des événements de la péninsule. Son objectif était d'en retirer sa garde et ses meilleures troupes. Il faisait volontiers le sacrifice du Portugal, renonçait à en chasser Wellington, voulait seulement fermer aux Anglais les portes de l'Espagne. Ciudal-Rodrigo était une de ces portes. Il rappelle Marmont et lui ordonne d'aller s'établir à Salamanque, avec son armée et la division Souham qu'il lui adjoint.

Wellington profite aussitôt de ce mouvement de retraite pour se porter sur Ciudal-Rodrigo. Il s'en empare (janvier 1812), et va faire le siège de Badajoz, qui, malgré les efforts les plus héroïques, finit par succomber. Pendant ce temps, la division de Souham était employée, sans gloire, à disperser quelques détachements anglais sur la frontière du Portugal.

Mais Wellington, fort de son double succès à Ciudal-Rodrigo et à Badajoz, se rapproche de

Salamanque et se met en contact avec l'armée de Marmont. Les deux adversaires n'osent d'abord s'attaquer. Les Anglais, craignant d'être coupés de leurs postes de ravitaillement, reculent, sont suivis par nos troupes et s'arrêtent enfin sur les hauteurs des Arapiles. Le 22 juillet, la bataille s'engage malheureusement; malgré des prodiges de valeur, l'armée française est obligée de rentrer dans ses positions ; Marmont, grièvement blessé, passe le commandement au général Clauzel, qui, blessé lui-même, ordonne la retraite sur le Douro. Le nouveau général en chef rallie ses troupes, rappelle les garnisons éparses dans les places du Nord ou détachées sur la frontière, embrigade quelques milliers de recrues, complète ses attelages, et peut mettre en ligne 35,000 combattants. L'armée du Nord lui envoie encore 10,000 hommes. Au moment où il va se mettre en marche, avec cette armée reconstituée, la blessure qu'il a reçue aux Arapiles s'ouvre et l'oblige à abandonner la conduite des opérations.

Souham, en sa qualité de doyen des divisionnaires, est mis à la tête de l'armée, que l'on appelait encore l'armée du Portugal (4 octobre 1812), et la dirige sur Briviesca. Pendant ce temps, lord Wellington assiégeait Burgos où le brave général Dubreton opposait une remarquable résistance. Le mouvement de l'armée de Souham détermina le général anglais à lever le siège.

11

Pour la première fois, après dix-neuf ans de grade de général, Souham exerçait le commandement suprême d'une armée. Plusieurs de ses camarades étaient parvenus au maréchalat, avaient reçu les plus hauts insignes de la Légion d'honneur et les titres de duc et de prince. Lui, qui avait fait toutes les grandes guerres de la République sans jamais être battu, qui était revenu des charges et des mêlées les plus meurtrières sans une blessure, qu'on pouvait appeler un soldat heureux, Souham semblait poursuivi, dans toute sa carrière, par un malheureux sort. Sur de vains soupçons, il avait encouru la défaveur du maître ; promu seulement officier de la Légion d'honneur, le 30 novembre 1807, il ne portait au cou la croix de commandeur que depuis son entrée en Espagne. Pendant que l'Empereur menait sa merveilleuse campagne de Prusse, il était envoyé en Italie, où il n'y avait aucune gloire à conquérir, et en Espagne, où il allait se faire blesser et assister à des défaites. La fortune des batailles mettait en ses mains le commandement en chef à un moment où Napoléon, fatigué par l'interminable guerre d'Espagne, paraissait se désintéresser du sort de ses armes de l'autre côté des Pyrénées et ne demandait aux généraux qu'il y avait laissés, que d'y tenir en respect ses ennemis et de garantir la France d'une invasion. L'heure des batailles rangées et des coups hardis, qui décident d'une campagne, était passée; il fallait se résigner à faire la guerre de guérillas, d'escarmouches, de poursuites, qui donne tant de peine et laisse si peu de renommée. On va voir comment Souham s'acquitta de cette difficile mission.

A la tête de ses 45,000 hommes, il part de Pancorbo et se porte sur Briviesca, à la poursuite des Anglo-Portugais qui ont abandonné les murs de Burgos après une perte de trois mille hommes. Le général Maucune [1] marche à l'avant-garde, s'empare de Santa-Olalla et de toute la garnison anglaise de cette place. Les hauteurs de Monasterio sont enlevées. Toujours au premier rang de la colonne, Maucune débouche des montagnes et arrive en face du plateau d'El Olmos (20 octobre 1812) occupé par l'armée ennemie. Souham s'apprête à livrer bataille; mais Wellington, ne se sentant pas en force, évacue la position et dessine sa retraite vers le sud.

Alors commence une vigoureuse chasse des Anglo-Portugais, marquée par des combats continuels, qui allait être menée tout d'une haleine, jusqu'au Douro.

Le 23 octobre, Souham divise son armée en deux colonnes et la lance en avant. Sa cavalerie,

---

(1) Antoine-Louis Popon de Maucune est né à Brive (Corrèze), le 21 février 1772.

marche en tête, rejoint celle de l'ennemi, commandée par le major-général Anson et la culbute après cinq charges hardiment poussées par les colonels Merlin et Shée et le major Latour-Foissac. Le 15e régiment de chasseurs à cheval pénètre au milieu des escadrons anglais. Un combat corps à corps s'engage. Les lignes ennemies, brisées dans cette mêlée, ne peuvent se reformer et sont rejetées en désordre jusqu'à Villadrigo. Dans cette seule journée, vaincus et vainqueurs avaient franchi huit lieues en se sabrant.

Ils se retrouvaient face à face, le lendemain, sur les deux rives opposées du Carrion. Wellington avait pris de bonnes positions, était protégé par la rivière et dominait les Français des hauteurs de Duenas. Il se croyait sûr de les arrêter. Ce fut encore Maucune qui, le premier, marcha à l'attaque. Il traversa à gué le Carrion et gravit au pas de charge les pentes qui le séparaient de l'ennemi. La résistance fut opiniâtre. Les Anglo-Portugais avaient l'avantage du nombre et du terrain ; ils n'en furent par moins délogés et contraints à continuer leur retraite. Le 26 octobre, Souham était maître des défilés de Palencia. Il réunit toute son armée sur la rive droite de la Pisuerga. La route de Valladolid lui était maintenant ouverte ; il put, dès le 28, lancer un détachement jusqu'au faubourg de cette ville.

Espérant retarder notre marche, l'ennemi faisait

sauter les ponts de Cabezon, de Valladolid, de Tudela et de Toro. Notre armée s'avançait, la droite vers Toro et la gauche vers Valladolid; elle se concentra pour passer le Douro à Tordesillas. Mais le pont, sur lequel on comptait, avait été miné et en partie détruit. Une tour, située sur la rive opposée, en défendait l'abord. On ne pouvait le réparer qu'après avoir débusqué le poste qui occupait la tour et les tirailleurs qui se cachaient dans les bois. En cet endroit, le fleuve n'était pas guéable : Souham ne disposait pas d'un équipage de pont. La marche de l'armée se trouvait donc retardée sinon arrêtée.

C'est alors que se produisit un fait d'armes qui rappelle l'expédition téméraire de Marbot sur le Danube, et fait le plus grand honneur à la hardiesse et au dévouement d'un officier limousin, le capitaine Guingret. Ce jeune officier s'offre, avec onze camarades et quarante sous-officiers, à passer le Douro à la nage. Ils quittent leurs vêtements, placent leurs fusils et leurs gibernes sur un petit radeau qu'ils pouvaient pousser devant eux, se jettent à l'eau, et, sous le feu des tirailleurs ennemis, traversent la rivière en nageant. Ils ont abordé la rive gauche ; ils se saisissent de leurs armes et se précipitent, tout nus, sur les soldats anglais, qui, déconcertés par tant d'audace, prennent la fuite. Le passage du Douro était assuré.

Souham, entré dès la veille dans Valladolid,

12

avait établi son quartier général à Tordesillas. Il allait réparer le pont, lorsque des ordres envoyés par le roi Joseph arrêtèrent sa poursuite. Le frère de l'Empereur lui enjoignait de rejoindre l'armée du centre et d'éviter une bataille.

Ainsi se termina le rôle de Souham à la tête de l'armée du Portugal. En six jours, il avait fait lever le siège de Burgos et pourchassé Wellington depuis les murs de cette ville jusqu'à Tordesillas. S'il n'avait pu anéantir les troupes du fameux général anglais, il les avait démoralisées et rabattues en désordre vers la frontière du Portugal. Elles n'étaient plus à craindre pour quelques temps. Il avait rendu la confiance à ses soldats ; c'est une armée victorieuse qu'il amenait au roi Joseph.

———

CHAPITRE X

La Prusse et la Russie s'unissent contre la France. — Forces
des deux armées. — Combat de Weissenfelds. — Les conscrits de 1813. — Marche sur Leipsick. — Souham à l'avant-
garde. — Le défilé de Poserna. — Bataille de Lutzen. —
Bautzen et Wurtchen. — Propositions de paix ; rupture des
négociations. — Souham commande le 3ᵉ corps. — Il est
repoussé par Blücher sur la Katzbach. — Les armées de
Napoléon se replient sur Leipsick. — Première journée de la
bataille de Leipsick. — Souham défend le village de Mockern.
— Il sauve la division Dombrowski. — Seconde journée. —
Le corps de Souham est chargé d'enlever les hauteurs de
Paunsdorf. — Mort du général Delmas. — Souham est
grièvement blessé.

Les débris de l'armée de Russie venaient de
passer la Bérézina, quand le général Souham fut
rappelé en France (29 novembre 1812). Quelques
jours après, Napoléon laissant à Murat le commandement de ses malheureux soldats, partait
pour Paris. Tout ce qu'il restait de survivants,

après Smolenk, Krasnoë, la Bérézina et Vilna, conduit par Ney et Gérard, rentrait en Pologne. C'était le dernier acte de la lugubre épopée de Moscou.

Il semblait que la puissance militaire de la France était pour longtemps anéantie. Nos alliés ouvraient leurs portes aux Russes ; Hambourg et Dresde les recevaient comme des libérateurs. Au delà de la Saale et de l'Elbe, nous n'avions pas un seul détachement pour leur barrer la route. Le roi de Prusse, qui avait déjà déchiré son traité d'alliance avec l'Empereur, jugea le moment opportun pour lui déclarer officiellement la guerre (17 mars 1813). Son armée, unie à l'armée russe, s'avança sur Leipsick.

Napoléon ne se laissait pas abattre ; il espérait la revanche et la préparait. Dès son retour dans sa capitale, il avait ordonné une nouvelle levée qui lui fournit 800,000 conscrits. A peine étaient-ils équipés, qu'il en mit une partie en route et se dirigea avec eux vers la Saxe où Davout et le prince Eugène devaient le rejoindre. L'armée réunie comptera environ 200,000 hommes. Les Prussiens et les Russes ne peuvent leur en opposer que 112,000 ; mais ce sont des soldats aguerris, qui se sont déjà mesurés avec les meilleures troupes de l'Empereur et qui sont appuyés par une nombreuse et excellente cavalerie. Du côté des Français, pas un cavalier, des recrues qui n'ont

jamais vu le feu ; mais un grand élan patriotique
et une confiance aveugle dans les chefs. Qu'allait-
il sortir du premier choc de ces deux armées si
dissemblables ?

Confiant dans son étoile, Napoléon ouvre la
marche sur Leipsick. Il ordonne au maréchal Ney
de franchir la Saale et de se porter à Weissenfelds
où doit se faire sa concentration avec le prince
Eugène. Le prince de la Moskowa suit ponctuelle-
ment les instructions qu'il vient de recevoir ; le
29 avril 1813, il fait jeter des ponts sur la Saale,
la passe et s'avance dans la plaine de Weissenfelds
avec la division Souham. Nos jeunes conscrits
reçoivent, sans se troubler, les premières volées
de canon ; ils repoussent les tirailleurs ennemis,
les poursuivent, franchissent bravement la petite
colline qui s'élève de l'autre côté de la plaine et
se trouvent tout à coup en face de la division de
cavalerie Landskoy. Ney, qui comprend le danger,
dispose aussitôt ses conscrits en carrés. Ce mouvement était à peine exécuté, que les escadrons
ennemis se précipitent au galop sur nos rangs.
« C'était le moment critique, dit Thiers. Le vieux
et intrépide Souham, l'héroïque Ney, les généraux
de brigade, se placèrent chacun dans un carré,
pour soutenir leur infanterie, qui n'était pas ha-
bituée à ce spectacle. Au signal donné, un feu de
mousqueterie exécuté à propos accueillit la cava-

lerie ennemie et l'arrêta court. Nos jeunes soldats, étonnés que ce fût si peu, attendirent un nouvel assaut, le reçurent mieux encore, et jonchèrent la terre des cavaliers de Landskoy. Puis Ney, rompant les carrés, et les formant en colonnes, poussa l'ennemi devant lui. Il félicita ses braves conscrits, qui remplirent l'air des cris mille fois répétés de *Vive l'Empereur!* A partir de ce moment on pouvait tout espérer d'eux. Ils entrèrent à la suite des Russes dans Weissenfelds, les en expulsèrent, et à la chute du jour furent maîtres de ce point décisif. Ney, qui depuis sa jeunesse n'avait jamais combattu avec des soldats aussi novices, se hâta d'écrire à Napoléon pour lui exprimer sa joie et sa confiance. — Ces enfants, lui écrivit-il, sont des héros ; je ferai avec eux tout ce que vous voudrez [1]. »

Ce combat de Weissenfelds n'était que le prélude de la fameuse bataille de Lutzen. Bientôt, Napoléon allait voir lui-même à l'œuvre ces héroïques conscrits et leurs vaillants officiers, Ney et Souham. Ayant opéré sa jonction avec le prince Eugène, il dirigea toute son armée, par plusieurs colonnes, sur Leipsick. Le 1er mai, au matin, il monta à cheval, entouré de ses généraux. La

---

(1) Thiers. *Hist. du Consulat et de l'Empire*, t. XV, pp. 460-461. C'est un fantassin de la division de Souham qui est le héros du roman populaire d'Erckmann-Chatrian, intitulé : *Histoire d'un conscrit de 1813.*

plaine de Lutzen s'ouvrait devant lui, entrecoupée
de ravins. L'ennemi était sur les hauteurs de Poserna. Souham marchait en avant-garde, sa division formée en carrés. Vers onze heures, le premier carré s'engagea dans le défilé de Poserna ;
les autres suivirent, et par derrière vint la cavalerie du général Laboissière. Les hauteurs furent
enlevées. Pendant cette marche, le maréchal Bessières, duc d'Istrie, fut tué raide par un boulet.
Les conscrits de Souham nettoyèrent le terrain,
forcèrent les cavaliers ennemis à abandonner le
champ de bataille. On était arrivé, le soir de cette
journée, à quatre lieues de Leipsick.

Le lendemain, 2 mai 1813, Napoléon arrêta,
avant le jour, ses dispositions de bataille. Ayant
appris que l'ennemi cherchait à déborder sa droite,
il retint Ney avec l'élite de ses troupes aux environs de Lutzen et dirigea sur Leipsick le reste de
l'armée. Tandis que cette manœuvre s'effectuait
et qu'une partie de nos troupes pénétrait dans
Leipzick, en chassant l'ennemi, le combat s'en-
gageait à Lutzen avec la plus grande vivacité. Les
quatre ou cinq villages groupés en cet endroit
furent attaqués vigoureusement par les coalisés.
Souham, avec quatre bataillons, gardait le village
de Gross-Gorschen. Il fit d'abord une excellente
défense ; mais les batteries de Blücher ayant dé-
monté ses canons, débordé par toute une division

d'infanterie, il dut se replier sur Rahna et Klein-Gorschen. Le reste de sa division l'y rallia. Embusqués derrière les murs, les buissons et les arbres, ses soldats tinrent bon contre un nouveau choc. Le maréchal Marmont ne tarda pas à l'appuyer ; la division Girard vint, elle aussi, se mettre en ligne. Mais l'effort de Blücher était tellement impétueux qu'il parvint encore à ébranler les fantassins de Souham. On se battait corps à corps dans les jardins et les rues des villages. Les nôtres commençaient à perdre du terrain. Ney arriva en ce moment, conduisant toutes les divisions qui n'étaient pas engagées. L'ennemi s'arrêta. Souham et Girard, après avoir réuni leurs hommes, se portèrent de nouveau dans les deux villages et en chassèrent les coalisés qui se retirèrent dans Gross-Gorschen.

Blücher avait en réserve l'infanterie de la garde russe. Il se met à sa tête et la lance furieusement sur les villages. Nos troupes sont de nouveau enfoncées. Mais Napoléon est accouru sur le champ de bataille. Il ordonne à Lobeau de reprendre les villages. Lobeau, avec la division Ricard, marche à la baïonnette, se précipite sur l'infanterie russe, la force à reculer. Souham et Girard suivent son mouvement et rentrent pour la seconde fois dans Rahna et Klein-Gorschen. Blücher est blessé.

30,000 hommes de troupes fraîches, l'élite de l'armée russo-prussienne, tentent une nouvelle attaque, délogent Souham et refoulent le corps de Ney. On se mitraille à bout portant. Voyant plier son centre, l'Empereur jette dans la mêlée 18,000 hommes et l'artillerie de la garde. Cette fois l'ennemi bat en retraite. Il était nuit. Blücher ordonne en vain une dernière charge ; la journée était perdue pour lui. Nos jeunes troupes restent maîtresses du champ de bataille et établissent leurs bivouacs sur les ruines fumantes des villages [1]. La victoire de Lutzen avait coûté 20,000 tués ou blessés à la Russie et à la Prusse, et 18,000 à la France. Elle nous donnait la rive gauche de l'Elbe ; quelques jours après, Napoléon entrait à Dresde. Le 11 mai, la division de Souham était à Torgau.

Elle prit part, avec le 3ᵉ corps, aux batailles de Bautzen et de Wurtchen, les 20 et 21 mai. Le 3ᵉ corps, commandé par Ney, joua dans cette affaire un rôle important. Il prit et reprit le village

(1) On peut voir au Musée de Tulle une belle gravure représentant cet épisode de la bataille de Lutzen. Elle a été gravée par Lobeau d'après un dessin de Naudet, et mesure 31 sur 46 centimètres. Au bas, une légende rappelle le sujet : « Le 2 mai 1813, le combat s'étendait sur une ligne de deux lieues couverte de tourbillons de fumée et de poussière. Le prince de la Moskowa, Souham, Gérard, étaient partout... » Au premier plan, une colonne de grenadiers, conduite par deux divisionnaires, marche à l'assaut d'un des villages. L'ennemi, embusqué dans les ruines des maisons, la reçoit par une décharge de mousqueterie à bout portant. Le combat corps à corps va commencer. Le général, que le dessinateur a représenté à pied, en tête de la colonne d'attaque, dans une attitude énergique, montrant de la main le village à enlever, est très probablement Souham ; il excite ses soldats à la charge. Au second plan, des régiments d'infanterie et d'artillerie font un mouvement de conversion, dans la plaine ; l'horizon disparaît sous les « tourbillons de fumée et de poussière ».

de Preititz, déborda la droite de l'armée alliée, et contribua, par ce mouvement, à décider le sort de cette sanglante bataille qui avait duré deux jours.

L'Autriche tenta alors de rétablir la paix entre les deux adversaires, offrit sa médiation et proposa l'ouverture d'un congrès à Prague pour les premiers jours du mois d'août. Napoléon, qui voulait gagner du temps, renforcer son armée, exercer ses jeunes soldats, feignit d'accueillir les propositions du gouvernement autrichien. Il retarda d'abord l'ouverture du congrès jusqu'au 10 août, formula ensuite des conditions inacceptables et se montra si arrogant vis-à-vis même du ministre d'Autriche, que les négociations furent rompues et que l'empereur François se joignit à la coalition. La guerre allait aussitôt recommencer.

Aux 250,000 combattants de Napoléon, les souverains alliés pouvaient opposer 500,000 hommes, divisés en trois armées : l'armée de Bohême, commandée par le prince de Schwartzemberg, qui se dirigeait sur Dresde ; celle de Silésie, commandée par Blücher, qui avait Bautzen pour objectif ; celle du Nord, sous les ordres de Bernadotte, qui menaçait Torgau et Wittemberg. Espérant en venir à bout en les attaquant isolément, l'Empereur chargea Gouvion Saint-Cyr de maintenir l'armée de Bohême et Oudinot d'arrêter celle du Nord ; il partit lui-même, avec le gros de ses troupes, à la rencontre de l'armée de Blücher. Mais Schwartzemberg avait pris, de son côté, l'offensive et arrivait devant Dresde, le 24 août. Gouvion Saint-Cyr, qui n'avait que 25,000 hommes, ne pouvait tenir contre l'armée de Bohême forte de 150,000. Il fait prévenir l'Empereur, qui laisse Macdonald en face de Blücher et rentre dans Dresde au moment où les ennemis commençaient à en occuper les faubourgs. Dresde était sauvée. L'armée de Bohême, pliant sous l'effort des Français, se débande et laisse sur le carreau près de 30,000 hommes (26-28 août).

Pendant qu'on se battait à Dresde, Macdonald était aux prises avec Blücher, et malheureusement la fortune ne lui était pas favorable. Il avait à sa disposition son corps d'armée, celui du maréchal Ney, commandé par Souham en l'absence de son chef, celui du général Lauriston, et la réserve de cavalerie du général Sébastiani, en tout 80,000 hommes environ. Blücher, qui avait été avisé du départ de l'Empereur pour Dresde avec une partie de ses forces, ordonna sur le champ l'attaque de l'armée de Macdonald (26 août). De son côté, le duc de Tarente avait choisi ce même moment pour se porter à la rencontre des alliés. Le corps de Souham reçoit l'ordre de passer la Katzbach à Liegnitz et de marcher sur Jouer. Il pleuvait depuis plusieurs jours ; les ruisseaux étaient débordés ; les deux armées manœuvraient en face l'une de l'autre sans se voir. Prévenu du passage de la Katzbach par les Français, Blücher arrête son mouvement et met ses troupes en position sur un plateau en face d'Eicholz. Il a garni les hauteurs d'une forte artillerie. A trois heures, Macdonald prend ses dispositions de combat. Le corps de Souham et la cavalerie de Sébastiani s'engagent dans le défilé de Kroitsch où ils n'avancent que lentement ; deux de leurs brigades sont repoussées. Souham mène une partie de son armée, soutenue par quinze pièces de canon, à l'assaut des hauteurs occupées par l'ennemi. Effort inutile. Les pièces s'embourbent ; les bassinets des fusils sont mouillés et les amorces ne prennent pas. Il faut reculer, redescendre vers la Katzbach. La bataille était perdue malgré l'énergie des chefs et la vaillance des soldats.

A la tombée de la nuit, Macdonald ordonna la retraite sur Goldberg. Elle s'opéra en désordre. Les chemins étaient impraticables et les hommes trempés jusqu'à la peau. Souham se retira sur Bunzlau ; toutes nos forces se rallièrent à Bautzen.

Les dispositions de bataille prises par Macdonald et Souham ont été généralement blâmées par les écrivains militaires. Pour les juger avec justice, il faut ne pas perdre de vue qu'ils avaient contre eux la supériorité du nombre des ennemis, le terrain inaccessible, la pluie torrentielle qui gênait leurs mouvements et qu'ils ne disposaient que de troupes inexpérimentées, sans éducation militaire et faciles au découragement. Les chances étaient trop inégales. Ce qu'on peut leur reprocher, peut-être, c'est d'avoir accepté le combat dans de pareilles conditions.

Battues sur la Katzbach, à Kulm, à Gross-Beeren et à Deunewitz, amoindries par la défection de 10,000 Bavarois ou Saxons (26 août, 6 septembre), les armées de Napoléon ne pouvaient plus tenir à Dresde. L'Empereur leur ordonna de se replier sur Leipsick. C'est là que, dans le mois d'octobre, toutes les forces des coalisés vinrent les assaillir.

Le 16 au matin, la bataille commença sur toute la ligne. L'armée française formait un demi-cercle autour de Leipsick. Marmont, au nord, avec 20,000 hommes, avait à tenir tête à 60,000 combattants commandés par Blücher. L'Empereur, au centre, opposait 115,000 hommes aux 160,000 de Schwartzemberg. Au sud, Murat disposait de 20,000 hommes contre l'armée de Bohême. Le général Souham, qui commandait le 3e corps de l'aile gauche, sous les ordres de Marmont, défendit avec la plus grande opiniâtreté le village de Mockern. L'explosion d'un caisson jeta le désordre dans nos rangs ; Marmont dut se replier. Pour Souham la journée n'était pas finie. Entendant une furieuse canonnade vers le centre, où l'Empereur, attaqué six fois par les Russes et les Autrichiens, les repoussait chaque fois, il s'engagea au plus fort de la mêlée, avec les maréchaux Mortier, Oudinot et Victor. Son heureuse intervention sauva la division Dombrowski.

Sauf à l'aile gauche, où Blücher avait gagné du terrain, les armées alliées étaient tenues à distance. Mais nos soldats étaient harassés de fatigue ; ils avaient combattu toute une journée un contre deux. On ne pouvait leur demander, pour le lendemain, un pareil effort. La retraite s'imposait. Napoléon ne voulut pas qu'elle ressemblât à une fuite ; il tint à la rendre imposante, à faire défiler triomphalement toutes ses troupes dans Leipsick, à braver par son audace les coalisés qui seraient tentés de le suivre. Il ordonna le repos pour le 17. De son côté, l'ennemi ne bougea pas.

La bataille recommença le 18 au matin. Souham marchait sous les ordres du maréchal Ney. Celui-ci lança ses troupes contre le village de Paunsdorf, qu'il voulait enlever à tout prix. La défection de 14,000 Saxons et Wurtembergeois fit échouer ce mouvement et compromit une partie du corps de Ney. Envoyé à son secours avec sa division, le brave général Delmas fut tué par un boulet. Il fallut l'arrivée de Napoléon, avec l'artillerie et la cavalerie de la garde, pour rétablir le combat. L'ennemi s'arrêta sans reculer. En entraînant ses bataillons à l'assaut du village, Souham avait été grièvement blessé. Jamais son intrépidité et son énergie n'avaient brillé d'un plus grand éclat. On l'emporta du champ de bataille. Il échappa ainsi aux ennemis. Il devait échapper à la mort. Peut-être eut-il mieux valu pour sa gloire qu'il restât couché, comme son camarade et compatriote Delmas [1], sur cette plaine sanglante de Leipsick.

------

[1] Antoine-Guillaume Delmas de La Coste est né à Argentat (Corrèze) le 21 juin 1768.

CHAPITRE XI

Après la bataille de Leipsick, rien ne pouvait
arrêter la marche des ennemis. Le 1ᵉʳ janvier 1814,
la France était envahie. Schwartzenberg, à la tête
de 200,000 Russes, Autrichiens et Allemands,
avec les empereurs de Russie et d'Autriche et le
roi de Prusse, venait de passer le Rhin à Bâle ;
Blücher conduisait, par Manheim et Mayence,
une armée de 150,000 Russes et Prussiens ; Ber-

13

nadotte entrait en Belgique ; 80,000 Autrichiens marchaient sur Lyon ; Wellington faisait franchir la Bidassoa à toutes ses troupes d'Espagne.

Alors commença la campagne de France, si merveilleusement conduite par Napoléon. Vainqueur de Blücher à Champaubert, à Montmirail, à Château-Thierry et à Vauchamps (10-15 février 1814), vainqueur de Schwartzenberg à Mormant et à Montereau (17-18 février), l'Empereur fit reculer les alliés de cinquante lieues en huit jours. Mais après cet extraordinaire effort, la résistance devenait impossible. A Arcis-sur-Aube, 20,000 combattants avaient tenu tête jusqu'à la nuit à plus de 60,000 ennemis (23 mars). L'armée était épuisée. Il ne fallait pas songer à barrer plus longtemps de front la marche des coalisés sur Paris. Napoléon se porta alors sur leurs lignes de communications, décidé à les prendre par derrière, à s'emparer de leurs convois, à couper les routes et les ponts, à menacer leur retraite, et à les forcer, par son audace, à rebrousser chemin.

Il ne voulut pas cependant dégarnir de troupes tout l'espace qui le séparait de Paris. Il y avait des points stratégiques à défendre, des passages à conserver. Il confia cette mission à Souham et lui donna quelques régiments de gardes nationales et de conscrits mal organisés. A peine guéri de la grave blessure qu'il avait reçue à Leipsick, Souham prit le commandement de ces troupes novices.

Mais que fera-t-il, avec une poignée de soldats inexpérimentés, si le gros des forces ennemies, au lieu de suivre Napoléon, se jette sur Paris dans l'espérance d'y voir éclater une révolution? Et c'est ce dernier parti qui est adopté par Schwartzenberg. Les maréchaux Marmont et Mortier, qui avaient reçu l'ordre de rejoindre l'Empereur en Lorraine, rencontrent les alliés, sont arrêtés et repoussés sur la capitale (25-28 mars). Alexandre établit son quartier général à Bondy. On sait la suite : les souverains coalisés attaquent Paris et y pénètrent, le 30 mars, après une rude bataille.

A la nouvelle de la première défaite de ses lieutenants, Napoléon renonce à sa marche sur la Lorraine et accourt en toute hâte. Il est trop tard : Paris a capitulé. Il faut s'arrêter en route et cantonner l'armée derrière l'Essonne. L'Empereur a autour de lui ses meilleurs généraux, Ney et Macdonald ; Marmont l'a rejoint. Il ne désespère pas d'arracher Paris aux coalisés, de tomber sur leur armée divisée en trois tronçons, de l'écraser successivement et de rétablir sa puissance et son empire par un coup de génie.

Mais un gouvernement provisoire a été nommé à Paris. Le Sénat, les souverains alliés, le prince de Talleyrand sont favorables au retour des Bourbons ; le gouvernement provisoire est disposé à prêter la main à cette combinaison. Déjà les intrigues ont commencé ; on veut avoir l'assentiment et le concours des maréchaux et, par eux, de l'armée. Marmont, un des plus influents, est le premier circonvenu. Il a des conférences avec le prince Schwartzenberg qui lui annonce la déchéance de Napoléon et l'installation du gouvernement provisoire. Il est pressé de mener son corps d'armée à Versailles pour le tenir à la disposition du nouveau gouvernement. Comme tous les chefs de l'armée impériale, comblé d'honneurs, de gloire et de fortune, il est las de la guerre, las surtout de cette guerre malheureuse, sans issue. Il ne croit plus à l'étoile de l'Empereur. Jeune encore, ambitieux, il veut se ménager les bonnes grâces du pouvoir naissant. Pressenti le premier, il espère arriver le premier, occuper la première place dans la nouvelle hiérarchie militaire.

Ses lieutenants écoutent ses raisons, se croient dégagés par le gouvernement provisoire de leur serment de fidélité à l'Empereur. Souham, le plus ancien de ses divisionnaires, est un vieux républicain, un général des premières guerres de la Révolution. Qu'a-t-il gagné avec l'Empire ? Un titre de comte et une modique pension qui ne lui est pas payée [1]. Suspecté, tenu à l'écart, mis en dis-

---

(1) Il avait été fait comte de l'Empire et avait reçu une dotation de dix mille francs de rente annuelle sur la Westphalie, par décret du 19 mai 1810.

ponibilité pendant les années glorieuses, il n'a été associé qu'aux guerres de la fin, quand la partie paraissait perdue, quand l'armée invincible se fondait dans les pénibles et meurtrières campagnes d'Espagne et de Russie. Il avait obtenu, comme un hochet, le parrainage de Napoléon pour son fils ; sa vanité n'avait pas reçu d'autre satisfaction. La plupart des princes et des ducs de l'état-major impérial étaient ses conscrits. S'il avait commandé en chef devant l'ennemi, c'était par occasion, temporairement ; sa bravoure, ses mérites, ses succès n'avaient pu le maintenir à la tête d'une armée. Il était encore en sous-ordre dans ce camp d'Essonne, où son chef, le maréchal Marmont, duc de Raguse, avait quatorze ans de moins que lui. Découragé après tant d'énergie dépensée sans profit, malade encore de sa récente blessure, il avait, lui aussi, perdu la foi dans le génie de Napoléon.

Les autres généraux du corps d'armée, Bordesoulle, Compans, Digeon, Désessards et Meynadier, partageaient ses sentiments, et, s'ils n'avaient pas tous les mêmes sujets de se plaindre, ils étaient du moins atteints de la même lassitude et pensaient, avec la grande majorité des Français, qu'il était temps de mettre bas les armes.

Marmont eut la faiblesse de s'engager ; il promit à Schwartzenberg de mettre, dès le lendemain, ses troupes en marche sur Versailles, de les livrer aux alliés et au gouvernement provisoire.

Pendant que ces conciliabules se tenaient à Essonne, les maréchaux Ney, Macdonald, Oudinot, Berthier et Lefebvre pressaient l'Empereur d'abdiquer, lui faisaient entendre qu'il n'avait plus une minute à perdre s'il voulait conserver la couronne à son fils. Ney lui parlait avec dureté, détruisait tous ses rêves de revanche, lui adressait presque une sommation au nom de son fils, au nom de la France. Le grand-écuyer Caulaincourt appuyait de ses supplications les instances des maréchaux. Napoléon finit par céder, soumettant son abdication à la seule condition que son fils serait élevé sur le trône sous la régence de l'impératrice (4 avril).

Un traité sur ces bases pouvait être accepté. Il fallait le soumettre immédiatement aux souverains coalisés; Napoléon chargea Ney, Macdonald et Caulaincourt de leur porter sur-le-champ sa résolution. Les trois négociateurs quittèrent Fontainebleau, se mirent en route pour Paris. Passant par Essonne, ils firent part au maréchal Marmont de l'objet de leur mission. Ce qui fut dit et fait au camp d'Essonne, dans cette soirée historique du 4 avril, a été raconté par Marmont lui-même, et sa version est confirmée par les plus sûrs témoignages contemporains.

« ... Le duc de Tarente, le prince de la Moskowa et le duc de Vicence arrivèrent chez moi à Essonne. Ils m'apprirent que l'Empereur venait d'être *forcé* à signer son abdication et qu'ils allaient, à ce titre, négocier la suspension des hostilités. Je leur fis connaître les arrangements pris avec le prince de Schwartzenberg, et je leur déclarai alors que, puisqu'ils étaient d'accord pour un changement que le salut de l'Etat demandait, et qui était le *seul objet de mes démarches,* je ne me séparerais jamais d'eux. Le duc de Vicence exprima le désir de me voir les accompagner à Paris, pensant que mon union avec eux, d'après ce qui venait de se passer (le traité avec Schwartzenberg), serait d'un grand poids ; je me rendis à leur désir, laissant le commandement de mon corps d'armée au plus ancien général de division, lui *donnant l'ordre* de ne faire *aucun mouvement,* et lui annonçant mon prochain retour. J'expliquai mes motifs au prince de Schwartzenberg, qui, plein de loyauté, les trouva légitimes et sans réplique, et je remplis la promesse que j'avais faite à mes camarades [1]. »

Souham laissé à la tête du 6e corps, eu sa qualité de plus ancien général de division, Marmont partit avec Ney, Macdonald et Caulaincourt. Ils arrivèrent à minuit à l'hôtel Saint-Florentin, chez le prince de Talleyrand, où l'empereur Alexandre avait établi son quartier général. Ils furent aussi-

---

(1) *Mémoire justificatif du duc de Raguse,* publié dans le *Moniteur de Gand* du 18 avril 1815.

tôt introduits dans le cabinet de l'empereur de Russie et plaidèrent, avec une entraînante ardeur, la cause du roi de Rome. Alexandre leur accorda deux audiences successives, et chaque fois, après eux, entendit les membres du gouvernement provisoire qui se déclarèrent énergiquement contre la régence et pour les Bourbons. Le chancelier Pasquier, qui assistait à l'entrevue et en a noté, dans ses Mémoires, les moindres détails, termine par ces paroles le récit de cette scène mémorable :

« Il était deux heures du matin, nous avions assisté à une des scènes les plus extraordinaires dont l'histoire ait gardé le souvenir. Un souverain, arrivant des confins de l'Asie, avait fait discuter froidement l'existence d'une dynastie fondée par le plus grand homme des temps modernes et le rappel de la plus ancienne dynastie européenne, enlevée de son trône deux ans auparavant par la plus terrible des révolutions. Il avait mis fin à la discussion en disant : « J'aurai décidé demain matin avant neuf heures [1]. »

Quelques minutes après le départ des maréchaux, la décision était prise : la cause de la régence était à jamais perdue. En sortant du cabinet du Tzar, Macdonald avait vu qu'un de ses officiers s'était approché d'Alexandre pour lui par-

---

(1) *Mémoires du chancelier Pasquier*, Paris, Plon, p. 384 et s.

ler à mi-voix. « J'entendis ces mots, écrit-il : *totum corpus*, auxquels je ne donnai aucune importance d'abord, mais qui en eurent une très grande quelques moments après [1]. » L'explication en fut bientôt fournie à Marmont. « A huit heures du matin, dit-il, un de mes aides de camp arriva et m'annonça que, contre mes ordres formels et malgré ses plus instantes représentations, les généraux avaient mis les troupes en mouvement pour Versailles, à quatre heures du matin, effrayés qu'ils étaient des dangers personnels dont ils croyaient être menacés et dont ils avaient eu l'idée par l'arrivée et le départ de plusieurs officiers d'état-major venus de Fontainebleau [2]. »

C'était la nouvelle de la défection du 6e corps à Essonne, qui était venue mettre fin aux hésitations de l'empereur de Russie et assurer le succès de la restauration des Bourbons sur le trône de France. L'effet que produisit cet événement fut décisif. « Vous le voyez, dit Alexandre à M. de Pozzo avec un ton d'illuminé, c'est la Providence qui le veut, elle se manifeste, elle se déclare ; plus de doute, plus d'hésitation [3]. »

Voici ce qui s'était passé à Essonne. Pendant que les maréchaux accomplissaient leur mission,

---

(1) *Souvenirs du maréchal Macdonald, duc de Tarente.* Paris, Plon, p. 279.
(2) *Mémoire justificatif du duc de Raguse.*
(3) *Mémoires du chancelier Pasquier.*

Napoléon, qui nourrissait la secrète pensée de tenter un dernier coup avec ce qui lui restait de troupes, ignorant le départ de Marmont, envoie le colonel Gourgaud, son aide de camp, au quartier général du 6ᵉ corps, pour ordonner au maréchal de le venir trouver immédiatement. A l'insistance du colonel qui, en l'absence de Marmont, invite Souham à le suivre, celui-ci croit comprendre que l'Empereur est au courant du traité conclu avec Schwartzenberg et qu'il ne mande le général en chef que pour le faire arrêter et fusiller. Peu après, arrive à Essonne un ordre écrit de Napoléon enjoignant au général en chef de se rendre incontinent auprès de lui. Il n'y a plus de doute dans l'esprit de Souham : l'Empereur sait tout et va sévir.

Si brave sur les champs de bataille, Souham eut peur ; il eut peur de la mort des traîtres, lui qui avait si souvent exposé sa vie devant l'ennemi. Ses vieilles rancunes contre l'Empereur se réveillèrent ; il se rappela les suspicions injustifiées dont il avait souffert, les défiances qui l'avaient poursuivi dans sa carrière. Vaulabelle rapporte ces paroles qu'il aurait dites alors devant un de ses officiers : « Marmont s'est mis en sûreté ; je suis de haute taille, moi, et je n'ai nulle envie de me voir raccourcir de toute la tête [1]. »

---

[1] De Vaulabelle. *Histoire des deux Restaurations*, 2ᵉ édition t. I, p. 339.

Le propos n'a pas été recueilli par Thiers ; mais cet historien, dans le récit qu'il a fait de la scène, met en lumière l'affolement du malheureux Souham. « Il assembla tout de suite ses collègues, écrit-il, les généraux Compans, Bordesoulle, Meynadier, leur dit que Napoléon, évidemment informé de ce qui s'était passé, les appelait auprès de lui pour les faire fusiller, et qu'il n'était pas d'humeur à s'exposer à une fin pareille. Ils n'en étaient pas plus d'avis que lui, et après quelques objections qui tombèrent devant l'affirmation répétée que Napoléon savait tout, ils consentirent à ce que proposait le général Souham, c'est-à-dire à ne pas attendre le retour du maréchal Marmont pour exécuter la convention conclue avec le prince de Schwartzenberg, et par conséquent à passer l'Essonne pour se mettre aux ordres du gouvernement provisoire. Le général Souham était si rempli de l'idée qu'on l'appelait pour s'emparer de sa personne, qu'il avait établi un piquet de cavalerie sur la route de Fontainebleau, avec ordre d'arrêter et d'abattre le premier officier d'état-major qui paraîtrait, si Napoléon, par impatience d'être obéi, renouvelait ses messages. Le colonel Fabvier, attaché à l'état-major du maréchal Marmont, désolé de ces résolutions si légères et si fâcheuses, s'efforça en vain de calmer le général Souham, de lui prouver qu'il s'exagérait le danger de sa situation, qu'au surplus les précautions qu'il venait de prescrire pour garder la route devaient le rassurer, qu'il n'avait qu'à y joindre celle de rester de sa personne au delà de l'Essonne, de manière à s'échapper au premier signal, que ne pas s'en tenir là, mais prendre sur soi le déplacement des troupes, c'était mériter et peut-être encourir le traitement qu'il redoutait bien à tort en ce moment. Rien ne put calmer cet esprit effaré, et aux excellentes raisons du colonel Fabvier il ne sut opposer que cet adage vulgaire de la soldatesque : *Il vaut mieux tuer le diable que de se laisser tuer par lui.* Il persista donc dans son erreur [1]. »

Faut-il croire, comme l'a raconté Vaulabelle, que Souham et Bordesoulle réunirent leurs officiers à leur table, dans un souper ; qu'ils les trompèrent en leur annonçant que toute l'armée impériale allait se porter au point du jour sur Paris et qu'ils auraient l'honneur de marcher à l'avant-garde ? Faut-il croire que l'on ait bu à l'Empereur et à son triomphe infaillible ? Les Mémoires de l'époque ne justifient pas une si grave accusation. Ce qui paraît certain, c'est que tous les généraux du corps d'armée, mais eux seuls, furent dans la confidence et que les troupes leur obéirent inconsciemment [2].

---

(1) Thiers. *Histoire de la Révolution, du Consulat et de l'Empire,* t. XVII, pp. 734-735.

(2) M. Henry Houssaye, très sévère pour Souham, n'hésite pas, en cette circonstance, à le traiter de criminel. Il rappelle cette « assertion de Fain (*Manuscrit de 1814,* p. 242) que Souham, la

Vers une heure du matin [1], le 5 avril, Souham fit franchir l'Essonne à son corps d'armée et l'achemina sur Versailles. De nouveau, Fabvier tenta de l'arrêter. « Le vin est tiré, il faut le boire ! [2] » répondit le général. Rien n'est plus émouvant que le tableau fait par Vaulabelle de la marche de nos braves soldats, dans les dernières heures de la nuit, sur la route de Versailles, au milieu des lignes ennemies dont ils ne soupçonnaient pas encore la présence :

« La route, contre leur attente, était sans obstacles : les régiments d'avant-garde avançaient sans avoir à répondre au moindre qui-vive. Seule-

---

veille de sa défection, était venu demander à l'Empereur 6,000 fr., que celui-ci avait donnés. » (*La dernière Armée de l'Empire, 1815*, par Henry Houssaye ; *Revue des Deux-Mondes*, du 15 décembre 1894.)

Le général Thiébault, à propos du même incident, inflige à Souham une cruelle flétrissure : « Parvenu à Fontainebleau au dernier terme de son agonie, abandonné jusque par Berthier, Napoléon y est encore dépouillé par un Souham qui, au moment de le trahir et en criant misère, lui arrache 10,000 fr. » Thiébault dont la plume est mauvaise pour ses compagnons d'armes et dont la haine pour Souham se manifeste en plus d'un passage de ses Mémoires, revient sur cette accusation et l'accentue : « Ce même Souham, ajoute-t-il plus loin, prêt à arborer l'étendard de la révolte, mendia encore à Fontainebleau de l'argent à Napoléon, et, sur moins de 100,000 fr., restant seuls à celui-ci de l'empire du monde, il arracha encore à l'indignation de son ancien maître et souverain, 10,000 fr. que M. Fain lui compta. » (*Mémoires du général baron Thiébault.* T. IV, pp. 382 et 528.)

Il semble résulter de ces derniers mots que le *Manuscrit* du baron Fain est la seule source où ont puisé le général Thiébault et M. Henry Houssaye.

(1) Marmont a écrit que le mouvement s'effectua à quatre heures du matin. Comment l'empereur Alexandre en aurait-il été avisé dès deux heures ? Comment Napoléon aurait-il pu annoncer la nouvelle à ses troupes dans un ordre du jour daté du 5 avril à cinq heures du matin ?

(2) De Vaulabelle. *Ubi supra.*

ment, un bruit étrange, qui leur venait de chaque
côté du chemin, et dont l'obscurité les empêchait
de se rendre compte, tenait leur attention en éveil.
Enfin, à la hauteur du Petit-Bourg, l'aube du jour
parut. Nos soldats regardèrent alors autour d'eux ;
d'abord, ils se crurent dupes d'une illusion ; bientôt un sentiment de vague inquiétude ralentit leur
marche ; au bout de quelques instants, ils s'arrêtèrent frappés de stupeur ! les deux côtés de la route
étaient bordés par plusieurs lignes de troupes rangées en bataille ; ces troupes, c'était l'ennemi ; le
6ᵉ corps se trouvait au milieu de l'armée russe.
Pour comble de honte, les alliés rendaient les
honneurs militaires à nos régiments ; leurs fantassins portaient les armes, leurs cavaliers avaient le
sabre haut, les fanfares éclataient sur toute cette
double ligne. Le 30ᵉ dragons occupait la tête de la
division Bordesoulle ; un grand général commanda
de rendre le salut et d'avancer. « Si mes dragons
» tirent le sabre, s'écria le colonel Ordener, ce sera
» pour charger ! » Le général n'insista pas. Rétro-
grader était impossible. Ces braves gens, si ar-
dents, si fiers quelques minutes auparavant, se
remirent en marche la rage au cœur. Arrivés à la
Belle-Epine, point d'intersection du pavé Choisy-
le-Roy, on leur fit quitter la route de Paris et
prendre le chemin de Versailles [1]. »

---

(1) De Vaulabelle. *Ubi supra.*

Vaulabelle a cherché, sans doute, à dramatiser son récit. La page que nous venons de citer arrive comme un coup de théâtre après la scène du souper offert par Souham dans le camp d'Essonne. Les toasts portés à l'Empereur préparent l'effet final. Il faut se défier des événements ainsi présentés. L'histoire va plus simplement. Celle que nous racontons est assez douloureuse par elle-même, sans qu'il soit besoin, par des artifices d'art, de la rendre plus poignante.

Comme Thiers l'a écrit, Souham a commis une erreur, et cette erreur, de la part d'un général, est impardonnable. « C'est moi, dit un jour l'Empereur à Macdonald, qui, probablement, en suis la cause ; je voulais savoir si vous aviez franchi sans difficulté les avant-postes des alliés et je désirais causer avec le duc de Raguse. J'envoyai successivement des officiers pour l'appeler près de moi et me rendre compte de votre passage ; il était parti avec vous ; ses généraux, qui savaient tout et avaient eu part au traité de séparation, prirent de l'inquiétude de mes messages répétés ; ils supposèrent que j'étais instruit, et craignant d'être arrêtés, ils ont emmené leurs troupes, sans même avertir les les corps échelonnés qu'ils ont ainsi compromis et presque démoralisés, car les avis les plus fâcheux sous ce rapport, et dont les chefs et officiers mêmes ne s'abstenaient pas, se succédaient rapidement ; malheureusement, on ne pouvait guère y remédier ; toutefois, je fis avancer les échelons pour occuper la ligne d'Essonne [1]. »

Souham avait un esprit faible, un caractère indécis ; formé à l'école révolutionnaire, il en avait conservé toutes les méfiances. C'était un homme simple, incapable de se retrouver et de se diriger dans la complication d'une intrigue. Entraîné par Marmont dans son complot, il se sentait suspect, il se savait compromis. Sa conscience se troubla. Il ne vit plus où était le devoir. Il se crut coupable parce qu'il était dans le secret du projet de défection, et il se fit coupable pour échapper au châtiment imaginaire qu'il croyait avoir mérité. « Le vin est tiré, il faut le boire ! » dit-il. Telle a toujours été la raison des consciences timorées ; tel avait été, dans le temps de la Terreur, le mobile des pires actions.

Soit que l'armée n'ait considéré Souham que comme un sous-ordre, soit qu'elle l'ait jugé victime des événements que son chef avait préparés, il échappa à la déconsidération publique. Tout le poids de la défection d'Essonne devait retomber sur Marmont. Quand l'Empereur apprit que le 6e corps avait passé à l'ennemi, il n'eut aucun mot de flétrissure pour Souham, il ne songea qu'à Marmont, son ancien aide de camp d'Egypte,

---

(1) *Souvenirs du maréchal Macdonald*, p. 285.

qui passait pour le préféré de ses lieutenants :
« L'ingrat! dit-il. Il sera plus malheureux que
moi ! » Dans la proclamation qu'il adressa à ses
troupes, le 5 avril au matin, il ne visa que Marmont : « Le soldat suit la fortune et l'infortune de
son général, son honneur et sa religion. Le duc
de Raguse n'a point inspiré ce sentiment à ses
compagnons d'armes ; il a passé aux alliés. » A
ses yeux, Marmont assumait toute la responsabilité de l'acte qu'il avait conçu et que d'autres n'a-
vaient fait qu'exécuter. Le maréchal allait, au
surplus, aggraver cette responsabilité en couvrant
de son assentiment le fait accompli, en cherchant
à en tirer profit et gloire.

Dans le milieu où il se trouvait, à l'hôtel Saint-
Florentin où le Tsar résidait, dans l'entourage des
souverains coalisés, au sein du gouvernement provisoire, la joie était grande ; on acclamait le duc
de Raguse, on le grisait de félicitations, on louait
sa prévoyance et sa sagesse. Grâce à lui, c'en
était fini des maux que subissait la France ; il
était le restaurateur de la paix et de la sécurité
publique.

S'il eut quelques remords, il les étouffa bientôt
devant les manifestations enthousiastes dont il
était l'objet. Il fit publier dans le *Moniteur* sa
correspondance avec Schwartzenberg et adressa à
son corps d'armée un ordre du jour qui contient
cette phrase : « C'est l'opinion publique que vous

14

devez suivre, et c'est elle qui m'a ordonné de vous arracher à des dangers désormais inutiles. » Complètement dévoyé, il ne cherchait pas ainsi à couvrir Souham, il revendiquait pour lui seul l'honneur du mouvement d'Essonne.

Cependant, ses troupes se mutinaient à Versailles. Après un repos de quelques heures, les soldats se réveillèrent comme s'ils sortaient d'un cauchemar. On les avait trompés ; quand ils croyaient marcher sur Paris, conduits par leur Empereur, on les avait menés dans le camp des alliés. Le cri de « trahison! » sortit de toutes les poitrines. Des officiers arrachèrent leurs épaulettes, des soldats brisèrent leurs fusils. Ils voulurent regagner leur cantonnement d'Essonne et s'assemblèrent sur la place d'Armes. Souham, Bordesoulle, les autres généraux intervinrent, s'efforçant de les calmer ; « on les salua par une centaine de coups de fusils et de pistolets. Ils s'enfuirent jusqu'à la porte de Versailles [1]. » Toutes les troupes se groupèrent alors autour du colonel Ordener et se mirent en marche pour Fontainebleau aux cris de : « Vive l'Empereur ! à bas les traîtres ! »

Avisé par Souham de cette insubordination, Marmont était accouru, bride abattue. Il rencontra les généraux qui essayèrent de l'arrêter, lui re-

---

(1) Henry Houssaye, *1814*, p. 622.

montrant le danger auquel il allait s'exposer. Il les laissa à leur panique ; et, avec une audace incroyable, seul, il continua sa route, rejoignit la colonne, lui ordonna de faire halte, et, s'adressant aux officiers et aux soldats, leur annonça l'abdication de l'Empereur et la constitution du nouveau gouvernement de la France. « Votre honneur, dit-il, m'est aussi cher que le mien propre... Depuis quand êtes-vous autorisés à vous défier de moi ? » Il ajouta qu'il n'avait jamais été question de les désarmer ; que le pays comptait sur eux. Prodigieux effet de l'autorité d'un chef énergique, les soldats se calmèrent, obéirent et se laissèrent conduire sans difficulté dans les cantonnements que désigna le maréchal. Encore une fois, Marmont avait bien mérité de Talleyrand et des princes alliés. Le nouveau gouvernement le reçut comme un triomphateur. « Il fut, dit Bourienne, le héros de la journée [1]. »

Le lendemain, 6 avril, le maréchal Ney portait à Paris l'abdication de l'Empereur et le Sénat proclamait Louis XVIII.

---

(1) Henry Houssaye, *1814*, pp. 624-625.

CHAPITRE XII

Le roi était à peine monté sur le trône que les
généraux et les maréchaux de l'Empire s'empressèrent de faire acte de soumission. Dans la liste
de ces adhésions au nouveau gouvernement, publiée par le *Moniteur*, nous ne trouvons pas celle
de Souham. Il n'avait pas eu besoin d'exprimer
ses sentiments dans une lettre ; l'acte d'Essonne
parlait assez haut en sa faveur. La Cour, qui ordonnait des fêtes en l'honneur de Moreau, de Pi-

chegru et de Cadoudal, qui glorifiait les ennemis
de Napoléon, ne pouvait oublier que le général
Souham avait été emprisonné en 1804, destitué,
tenu en suspicion, qu'enfin sa défection du 4 avril
avait décidé du sort de la royauté.

Aussi fut-il pourvu, un des premiers, d'un commandement. Le 20 avril 1814, il était mis à la tête
de la 20ᵉ division, à Périgueux. Ce poste n'était
pas nouveau pour lui. Il l'avait occupé entre deux
disgrâces, à la fin du Consulat, et en avait été arra-
ché brusquement, en février 1804, par les ordres de
l'Empereur qui le fit arrêter comme suspect et
enfermer au Temple. Il en reprenait possession
par la faveur du roi. Connu et estimé des habitants,
il était assuré d'un accueil sympathique ; il pouvait
y rendre d'utiles services à la cause des Bourbons [1].

La population civile se montrait favorable à la
Restauration ; les corps constitués avaient manifesté leur dévouement dans de chaudes adresses.
Souham ne devait rencontrer de ce côté aucune
difficulté. Mais l'armée restait impérialiste. Tous

---

(1) « Un frère cadet de Berthelmy (du général) occupait le grade
d'adjudant-commandant chef de l'état-major de la 1ʳᵉ subdivision,
sous les ordres de Souham, dans la 20ᵉ division militaire. Le 15 mars
1815, Souham, en signalant ses talents et son zèle, demandait pour
lui le grade de maréchal de camp avec le commandement d'un département. » (*Bulletin de la Société des Lettres de Tulle*, t. 1, p. 565,
E.-A. Berthelmy, par M. G. Clément-Simon). Le départ du roi fit
échouer la démarche de Souham.

ceux qui portaient les armes, gardes nationaux et soldats, n'arboraient qu'à regret la cocarde blanche. Les officiers en demi-solde faisaient une active propagande, organisaient des manifestations anti-royalistes et y entraînaient quelquefois les régiments de la garnison. Le 25 août, jour de la fête du roi, la musique de la garde nationale de Périgueux refusa de jouer au *Te Deum*[1]. Le soir, on alluma des feux de joie sur les places publiques ; les soldats, auxquels on avait distribué du vin, mirent le feu aux futailles vides, en disant : « Voilà un feu de joie pour l'Empereur, qui est b..... plus beau que l'autre [2]. » Le général signalait ces faits au ministre, mais n'osait pas sévir. Il comprenait que l'armée ne voulait pas se donner et que, pour conserver quelque autorité sur elle, il fallait éviter de contrecarrer ses sentiments et de froisser ses convictions. Lui-même avait peine à se croire un royaliste convaincu. Sa conscience n'était pour rien dans sa conversion politique. Il avait changé de drapeau sans enthousiasme, poussé par l'instinct de sa sécurité personnelle. Il servait le roi, comme il avait servi l'Empereur, gêné par son passé révolutionnaire, gêné aussi, peut-être, par le rôle qu'il avait joué à Essonne, in-

---

(1) Lettre de Souham au général Dupont, ministre de la guerre, du 4 septembre. (Arch. de la guerre).

(2) Lettre du préfet de la Dordogne à Beugnot, du 26 août (Arch. nat., F, 7, 3773.

certain de l'avenir, ne voulant pas s'engager à fond, songeant à un revirement possible de l'opinion, à un retour de la France vers le gouvernement impérial. Les événements devaient se charger bientôt de démontrer encore une fois combien sa fidélité était fragile.

Le 1ᵉʳ mars 1815, Napoléon débarquait sur la plage de Cannes; vingt jours après, il rentrait triomphalement aux Tuileries. Le 27, Souham écrivait au ministre de la guerre la lettre suivante :

« Monseigneur,

» Le courrier de Paris, devant arriver à Périgueux le 25, a manqué ; ce qui a produit de l'inquiétude dans les esprits. En cet état, toutes mes mesures n'ont dû tendre qu'à maintenir l'ordre et la tranquillité ; j'y suis parvenu en entretenant le bon esprit de la petite troupe à ma disposition, et j'ai été parfaitement secondé par le général, l'état-major et les officiers à mes ordres, ainsi que par les inspecteurs aux revues, les commissaires des guerres et en général toute l'administration militaire.

» Depuis plusieurs jours j'ai reçu d'autres ordres que ceux que j'attendais de Paris, je n'ai pas voulu les exécuter parce qu'ils ne pouvaient que me détourner du but que je m'étais proposé.

» J'avais envoyé à Angoulême, et il m'en est arrivé des Gazettes contenant divers décrets de Sa Majesté l'Empereur ; j'en ai donné sur le champ connaissance à la troupe et lui ai fait prendre la cocarde tricolore. L'enthousiasme a été vif et mieux exprimé que je ne pourrais le rendre. Tout la ville retentit en ce moment des cris de vive l'Empereur.

» J'ai trop à cœur l'honneur de l'armée, la gloire militaire, pour ne pas agir de moi-même jusqu'à ce que j'ai reçu des ordres directs de Votre Excellence ; c'est pour les obtenir plus rapidement que j'envoye l'un de mes aides de camp lui porter cette lettre.

» Je suis loin de penser, Monseigneur, que la position dans laquelle je me suis trouvé l'an dernier à l'armée, ait pu donner des doutes sur mes sentiments dont j'avais fait preuve pendant vingt-cinq ans, et que cette circonstance ait altéré la confiance de Sa Majesté. Si contre mon attente, il en était autrement, ayez la bonté de me faire connaître la conduite que je dois tenir. Il me serait pénible de quitter le rang des braves, et de n'avoir que des vœux à former, sans concourir à leur accomplissement.

» Daignez agréer, Monseigneur, l'hommage de mon profond respect.

> » *Le lieutenant g*[nl] *com*[t] *la 1*[re] *subdivision de la 20*[e] *d*[on] *m*[re],
>
> » Signé : Cte SOUHAM.

» Périgueux le 27 mars, à 6 heures du soir.

» *P.-S.* — L'enthousiasme de la troupe s'est

communiqué aux habitans qui témoignent en ce moment leur joie avec une effusion de cœur difficile à peindre. Les autorités civiles n'ont pas cru devoir ni donner l'impulsion, ni la suivre [1]. »

---

(1) Communication de M. de Fraville.

Nous avons trouvé aux Archives de la Guerre, une lettre du général Pinoteau qui rend compte des mêmes événements au ministre de la guerre. Elle nous prouve que l'enthousiasme de la garnison de Périgueux, à la nouvelle du retour de l'Empereur, n'eut pas besoin d'être excité; il éclata spontanément. Souham n'aurait pu résister au mouvement; il n'essaya pas. Voici cette lettre :

« A son Altesse Monseigneur le prince d'Eckmuhl, Ministre de la Guerre.

» Périgueux le 29 mars 1815.

» Monseigneur,

» Ainsi que M. le comte Souham a eu l'honneur de vous l'annoncer par sa dépêche d 27, portée par un aide de camp, toute la garnison, les officiers en non-activité, ceux en retraite et tout ce qui a appartenu aux armées françaises arborèrent la cocarde nationale le 27 au soir aux cris mille fois répétés de Vive l'Empereur ! Les habitants, qui n'étaient pas moins impatients que nous, se réunirent aux troupes et manifestèrent leur allégresse.

» Le lendemain, 28, M. le Préfet, accompagné de tout l'Etat Major, des autorités civiles et judiciaires, a proclamé les décrets de l'Empereur; le buste de Sa Majesté était porté par quatre grenadiers de la Garde nationale, et la masse des citoyens a fait éclater une joie qu'il est impossible de rendre.

» Depuis le 27 au soir, les habitants de la Dordogne sont dans l'allégresse; les cloches se font entendre jusque dans les plus petites communes; les fleurs de lys, les drapeaux blancs y sont remplacés par la cocarde nationale et les drapeaux tricolores ; on est partout dans l'enchantement.

» Comme il paraît que nos camarades de Bordeaux, avec lesquels nous sommes sans communication depuis quelques jours, ignorent encore les événements heureux qui assurent le bonheur de la France et la honte des Français qui ont porté les armes contre leur patrie, j'ai pris des mesures pour les leur faire connaître en faisant adresser à différents officiers la relation de ce qui s'est passé à Périgueux les 27 et 28.

» De votre Altesse, Monseigneur, je suis, avec un profond respect, le maréchal de camp commandant par intérim la 1re subdivision de la 20me division militaire.

» Pinoteau. »

(Arch. de la Guerre; dossier du général Souham.)

La lettre était habile. Souham s'y montrait réservé, allait de lui-même au-devant de la grave objection qu'il devait attendre, et, sans témoigner une trop grande confiance, remettait son sort entre les mains de son ancien camarade, le général Davout, ministre de la guerre.

L'aide de camp de Souham lui rapporta cette réponse :

« Paris, le 29 mars 1815.

» Monsieur le Général,

» J'ai reçu la lettre que vous m'avez envoyée par votre aide de camp sous la date du 27. J'ai lu avec autant de plaisir que d'intérêt les détails qu'elle contient sur le bon esprit des troupes et des habitants.

» Pour ce qui vous concerne, Monsieur le Général, vous pouvez être sans inquiétude. L'Empereur se rappelle vos bons services et il vous regarde comme un des généraux distingués de l'armée française et de ses dévoués serviteurs. Je vous réexpédie de suite votre aide de camp.

» Je vous envoie ci-joint une collection de Moniteurs et de décrets de l'Empereur que vous répandrez à Bordeaux, Toulouse et autres villes de votre commandement pour faire reconnaître partout l'autorité de l'Empereur, arborer les couleurs nationales où elles ne seraient pas encore, faire disparaître tout ce qui tenait au dernier gouvernement, poursuivre ceux qui chercheraient à semer le trouble et la discorde et éclairer le peuple sur ses véritables intérêts et ses devoirs envers son véritable souverain, puisque ce dernier événement prouve bien qu'il était dans le cœur de tous les Français ; ce n'est pas six cent mille bayonnettes qui nous l'ont donné celui-là. Il est bien important que vous fassiez surtout savoir à Bordeaux tout ce qui se passe, exécuter les ordres du gouvernement, et même, si la duchesse d'Angoulême s'y trouvait encore au moment de la réception de cette lettre, vous tâcheriez de la faire arrêter, en la traitant avec tous les égards possibles, et vous la feriez conduire à Paris. Ce ne serait aucunement pour lui faire le moindre mal ; mais cette mesure réduirait à la soumission les mauvais citoyens et les émigrés qui conservent encore quelque espérance fondée sur la guerre civile. Enfin vous mettrez à exécution toutes les dispositions du décret impérial de Lyon du 13 courant.

» Je vous invite en même temps, Monsieur le Général, à écrire aux commandans de Rochefort et de La Rochelle de s'entendre avec la marine pour faire armer les côtes et prendre toutes les mesures qu'il conviendra pour mettre en sûreté et en état de défense les îles de Ré et d'Oléron. Les rapports que j'ai reçus de La Rochelle sont satisfaisants.

» J'ai donné les mêmes ordres au général Laborde, au sujet des mesures à prendre pour le bien du service de l'Empereur. Dans le cas où il n'aurait pas reçu cette lettre, veuillez lui envoyer copie de ma circulaire aux généraux et y joindre tous les détails qui pourront coopérer au succès de ses opérations. Faites connaître aussi au général Laborde, de ma part, qu'il ait à donner l'ordre au général Cassagne de partir en 24 heures de Toulouse, pour venir prendre mes ordres à Paris.

» Veuillez envoyer également copie de ma circulaire à tous les généraux et commandans d'armes dans votre voisinage, parce qu'il serait possible que mes lettres eussent été interceptées par des malveillans ; d'ailleurs la multiplicité des avis ne peut que produire un bon effet.

» Faites savoir à vos autorités civiles que si elles ne marchent pas comme dans tout le reste de l'Empire, je porterai des plaintes contre elles.

» Je vous serai obligé de faire passer au général Rey la dépêche ci-jointe. Prenez en connaissance et envoyez la lui sur le champ.

» Non seulement j'approuve que vous occupiez Libourne ; mais je vous autorise même à prendre toutes les mesures que vous croirez propres à établir la tranquillité et à arrêter les malveillans et les émigrés qui oseraient encore chercher à la troubler par leurs trames criminelles, tendantes à allumer la guerre civile.

» Observez surtout Bordeaux et que cette ville suive l'exemple de tout le reste de l'Empire, où non seulement tout est tranquille, mais encore dans le plus vif enthousiasme.

» J'ai l'honneur de vous saluer avec une considération distinguée,

» *Le M^{al} Ministre de la Guerre,*

» Signé : Prince d'Ecmull [1]. »

Après les craintes que Souham avait manifestées dans sa lettre du 27 mars, cette réponse dut être la bienvenue. Son sort paraissait réglé : il était maintenu à la tête de son commandement. Il n'avait qu'à conformer son attitude aux circonstances ; c'est ce qu'il fit. Le 31 mars, le général Lucotte écrivait : « On a tenté d'ébranler ici le général Souham ; mais il a honorablement résisté [2]. » L'Empereur, put-il croire, ne se souvenait que de ses bons services ; Souham en avait reçu l'assurance du ministre de la guerre.

Mais le ministre s'était trop pressé d'écrire. Quatre jours après, l'Empereur signait le décret suivant :

« Au palais des Tuileries, le 3 avril 1815.

» Napoléon, par la grâce de Dieu et les consti-

---

(1) Communication de M. de Fraville.
(2) Rapport du général Lucotte au ministre de la guerre (Arch. de la Guerre).

tutions de l'Empire, Empereur des Français, avons décrété et décrétons ce qui suit :

» ART. 1er. — Le général de division Souham est destitué.

ART. 2e. — Notre ministre de la guerre est chargé de l'exécution du présent décret.

« Signé : NAPOLÉON. »

D'autres généraux subissaient le même sort que Souham. Pour accentuer davantage la mesure rigoureuse qu'il venait de prendre à leur égard, l'Empereur écrivait au ministre de la guerre en lui envoyant les décrets de destitution :

« Paris, le 18 avril 1815.

» Mon cousin, j'ai destitué les généraux Souham, Dupont, Dessalles, Maison, Edmond Périgord, Daultanne, Monnier, Laverda, Curta, Briche, Leclerc, etc.

» Mon intention est que ces généraux soient effacés des contrôles des pensions de retraite ou de réforme, ou même d'activité qu'ils auraient obtenues.

» Signé : NAPOLÉON. »

M. Henry Houssaye raconte que le général Souham ne perdit pas tout espoir de rentrer dans les bonnes grâces de l'Empereur. « Destitué, écrit-il, il se présenta aux Tuileries à une audience publique, pour tenter de fléchir Napoléon. — Que voulez-vous encore de moi? dit l'Empereur en se détournant. Vous voyez bien que je ne vous connais plus ! [1] »

Effacé des contrôles, repoussé par l'Empereur, le général Souham disparut de l'histoire pendant les Cent-Jours.

---

(1) Henry Houssaye. *La dernière armée de l'Empire, 1815 (Revue des Deux-Mondes* du 15 décembre 1894).

M. Houssaye ajoute en note que ces mots : « Que voulez-vous encore de moi? » semblent confirmer la demande de 6,000 francs faite à l'Empereur par Souham, la veille de sa défection. « Par un hasard où il entrait de la justice, écrit-il, Souham fut remplacé à Périgueux par Lucotte, le seul des généraux du 6° corps resté fidèle au devoir dans l'inexplicable nuit du 5 avril. »

CHAPITRE XIII

Lettre de Souham au roi. — Il rappelle ses services. — Il demande un gouvernement militaire et la pairie. — Protestations de fidélité au roi. — Il essaye de justifier son attitude lors du retour de l'Empereur. — Il est rétabli dans le commandement de la 20° division. — Seconde lettre au roi. — Il sollicite encore la pairie. — Insuccès de sa démarche. — Il est admis à la retraite. — Il demande de nouveau un gouvernement militaire. — Autres suppliques au roi et au ministre (en note). — Il est nommé inspecteur général d'infanterie. — Il obtient le gouvernement de la 5° division. — Sa mise à la retraite.

Dès le retour de Louis XVIII à Paris, Souham lui adressa la lettre suivante qui fait un regrettable contraste avec celle qu'il avait écrite au ministre de l'Empereur, le 27 mars précédent :

« Sire,

» Sur le compte qui fut rendu à Votre Majesté, de mes services et de ma conduite, Elle daigna, en prenant les rênes de l'Etat, me nommer au commandement de la 20ᵉ division militaire ; cette marque de bienveillance dont j'ai été l'objet m'a pénétré de la plus vive reconnaissance et j'ai mis ma gloire à justifier son choix en fortifiant l'amour de ses sujets pour le vertueux monarque que la Providence et nos vœux nous ont rendu. Je me flatte que la même bonté lui fera accueillir l'exposé suivant, qui motive la demande que j'ose lui faire.

» L'un des plus anciens lieutenants généraux, j'ai plusieurs fois commandé des armées ou des corps d'armée au Nord et au Midi, notamment en Espagne contre lord Wellington et à la bataille de Lutzen.

» Compagnon d'armes du général Moreau, j'ai aussi partagé sa disgrâce, destitué, arrêté et jeté avec lui dans les fers, comme prévenu de complicité dans la conspiration contre Napoléon.

» A l'heureuse époque de la Restauration, je suis le premier qui, avec le 6e corps, ait quitté les aigles de Bonaparte pour me ranger sous les drapeaux de notre légitime souverain.

» Après ce court exposé de ma conduite dans la carrière des armes, j'ose espérer, Sire, que Votre Majesté daignera ajouter à ses premières bontés une double marque de Sa haute bienveillance en me confiant l'un des gouvernements militaires qui restent à nommer, et de préférence celui de la 20e division. Ce n'est que le titre que je sollicite étant déjà pourvu du commandement.

» Je suis sans fortune et père d'une nombreuse famille ; ma vie politique n'offre que d'honorables souvenirs ; c'est en les soumettant à ceux de Votre

Majesté que, confiant dans ses grâces, je la supplie de m'accorder l'honneur de la Pairie, mes titres à cette faveur étant d'avoir été élu candidat au Sénat par les départements de la Haute-Vienne et de la Corrèze dans un tems où les citoyens courageux bravaient la puissance de Bonaparte, et comme dédommagement de ses persécutions.

» En soumettant ces démarches à Votre Majesté, j'y suis moins encouragé par mes droits que par la bienveillance dont Elle comble ses heureux sujets, et ma reconnaissance particulière égalera le zèle et le dévouement sur lesquels Elle a tant de droit de compter.

» Je suis avec respect, de Votre Majesté, Sire, le très humble et très obéissant sujet.

» Signé : Cte SOUHAM ⁽¹⁾. »

Il se faisait un titre de sa défection à Essonne, de l'amitié qui l'unissait à Moreau, de la présomption de complicité qui avait pesé sur lui dans le complot de 1804, du courage dont il disait avoir fait preuve en bravant la puissance de l'Empereur. Sa conscience aurait pu lui dicter un autre langage. Lui, qui s'était fait royaliste par peur de Napoléon, devait, moins que tout autre, invoquer son courage civique et la fermeté de ses convictions. De la dé-

---

(1) Communication de M. de Fraville.

marche qu'il avait faite aux Tuileries après sa révocation, il ne restait aucune trace écrite ; mais sa lettre au ministre de la guerre, en date du 27 mars, contenait une adhésion à l'Empire, une offre de service non équivoque, une sollicitation d'être maintenu à son poste ; il y faisait une allusion embarrassée à sa conduite dans la nuit du 5 mars, cherchant à atténuer la fâcheuse impression qu'elle avait pu produire sur l'esprit de l'Empereur. Souham pensa que cette lettre avait besoin d'être commentée. Il écrivit, en marge de la réponse du ministre Davout, la note suivante :

« Cette lettre est en réponse à une dépêche que j'ai envoyée par un de mes aides de camp pour annoncer que les troupes de Périgueux avaient arboré la cocarde nationale. On verra par sa date que j'ai contenu, aussi longtemps qu'il m'a été possible, les troupes dans leurs devoirs ; mais à la réunion des officiers en demi-solde, il a été impossible d'empêcher ce mouvement séditieux. Cette dépêche, si c'est la même que j'ai écrite, doit rappeler au ministre de la guerre (d'alors) le mouvement que j'avais fait à Essonne en 1814 en faveur de la famille légitime et contre Bonaparte. Ce qui prouve ce que j'avance dans le refus que j'ai fait d'obéir aux ordres que contenait cette lettre ci-contre, est le décret de Bonaparte sous la date du 7 avril qui me destitue, et l'ordre du préfet de police Réal qui me fait partir de Paris pour aller sous la surveillance des autorités de la Haute-Vienne [1]. »

Le roi lui rendit le commandement de la 20ᵉ division (21 juillet 1815), mais ne fit aucune réponse au passage de sa lettre dans lequel il sollicitait la pairie. Avec sa ténacité habituelle, Souham renouvela sa demande et écrivit au roi cette seconde lettre :

« Périgueux, le 24 août 1815.

» Sire,

» Votre Majesté en 1814 daigna m'accorder une audience particulière ; Elle écouta avec bonté la demande que je lui fis pour obtenir d'être admis à l'honneur d'être nommé pair de France.

» Votre Majesté, Sire, daignera-t-elle me permettre de lui remettre sous les yeux mes anciens et honorables services ; je dis honorables, parce qu'ils n'ont jamais eu d'autre objet que celui de voir restituer aux légitimes souverains des Français, leur ancienne propriété. Je suis l'un des plus anciens lieutenants-généraux des armées de Votre Majesté et j'ose dire l'un des plus fidèles. Camarade d'armes et ami particulier du général Moreau, nos principes ont toujours été les mêmes ; nous avons constamment fait la guerre ensemble ; il a été longtemps sous mes ordres ; j'ai servi depuis dans les armées qu'il a commandées et notre

____

(1) Communication de M. de Fraville.

union a toujours contribué à nos succès. Comme ce brave général, j'ai été destitué par Bonaparte. Plus malheureux que moi il a succombé avant de jouir du bonheur d'être gouverné par Louis le Désiré.

» Le 4 avril, je fus le premier qui quitta Bonaparte pour me réunir au gouvernement provisoire qui avait proclamé notre légitime souverain; je me mis en mouvement avec le 6ᵉ corps d'armée, qui était sous mes ordres.

» Le 29 mars 1815, je refusai à l'usurpateur de marcher contre Bordeaux pour y arrêter S. A. R. Madame la Duchesse d'Angoulême (*l'ordre du Ministre de la Guerre qui me fut adressé à ce sujet existe dans les archives de la 20ᵉ division mᵉ*). Le 3 avril suivant, je fus destitué et je reçus de la police l'ordre de me rendre dans mon département où je suis resté jusqu'au retour de votre Majesté dans sa capitale. J'ai été ensuite rétabli dans mon ancien commandement.

» Sire, daignez prendre en considération mes services et mon dévouement et me placer au rang des Pairs de France.

» J'ai l'honneur d'être, de Votre Majesté, le très humble et très fidèle sujet,

» Signé : Cᵗᵉ Souham,
» Lieutenant-Général comᵗ la 20ᵉ division mᵉ (1). »

---

(1) Arch. de la Guerre; dossier du général Souham.

Sa nouvelle démarche ne fut pas accueillie plus favorablement que la première. Le roi ne se décida pas à faire de Souham un pair de France. Quelques semaines plus tard (4 septembre), il était admis à la retraite et doté d'une pension de six mille francs dont il ne jouit pas.

Cependant Louis XVIII venait de créer des gouverneurs militaires, et Souham convoitait un de ces nouveaux postes. Le 12 septembre 1815, il faisait valoir ses droits dans une lettre au ministre de la guerre et rappelait encore, comme son principal titre à la faveur royale, la défection d'Essonne [1] : « Lorsque Sa Majesté me confia en 1814 le commandement dont m'a éloigné quelques

---

[1] Souham était un opiniâtre quémandeur. Il ne sollicitait pas seulement des emplois aussi honorifiques que lucratifs, il cherchait encore à apitoyer le gouvernement sur le malheureux état de sa fortune. « Sire, écrivait-il dans une supplique présentée au roi le jour de son sacre, Sire, je suis sans fortune, et chargé d'une nombreuse famille : un de mes enfants est officier dans le 2⁰ régiment de chasseurs des Alpes, deux autres sont dans les Ecoles militaires ; il me reste encore des dettes. C'est pour acquitter une partie de ces dettes et pour fournir aux besoins de ma famille que je supplie Votre Majesté d'ordonner que les arrérages du traitement de mon grade pendant la durée de ma destitution me soient payés. Mes longs services, d'honorables blessures, un dévouement sans bornes à Votre Majesté et à son auguste Famille, votre bienveillance pour moi, tels sont les titres qui me font espérer que Votre Majesté accueillera favorablement ma prière. » (Arch. de la Guerre).

Le 2 juin 1830, il suppliait le ministre de s'intéresser à l'une de ses réclamations et profitait de la circonstance pour rappeler les services qu'il avait rendus à la cause royaliste, notamment le 5 avril 1814 : « J'ai constamment rendu des services au gouvernement dans toutes les occasions qui se sont présentées, disait-il en terminant sa lettre, je puis en rendre encore ; mon dévouement est le même. » (Arch. de la Guerre).

moments un pouvoir illégal, Elle daigna me donner l'assurance qu'elle réservait une autre récompense à mes anciens services ; Elle me permit même d'espérer qu'ils ne seraient pas oubliés lorsqu'Elle nommerait à de nouveaux gouvernements..... Le roi ne peut avoir oublié, Monseigneur, que le 4 avril 1814, je fus le premier à quitter Bonaparte pour me réunir au gouvernement provisoire qui allait le proclamer notre légitime souverain, et que je me mis en mouvement avec le 6ᵉ corps d'armée qui était sous mes ordres. Cet événement, que M. le maréchal duc de Raguse n'a pas revendiqué dans son Mémoire, entraîna le reste de l'armée qu'on disposait à Fontainebleau à faire avancer sur la capitale. Le 29 mars dernier, encore, je refusai à l'usurpateur de marcher contre Bordeaux pour y arrêter S. A. R. Madame la duchesse d'Angoulême [1]. »

Il reçut bientôt un commencement de satisfaction. Agé seulement de cinquante-cinq ans, encore plein de vigueur, il pouvait rendre des services à l'armée. Le 18 août 1816, il fut nommé inspecteur général d'infanterie dans la 8ᵉ division militaire, et, le 27 avril suivant, il remplit les mêmes fonctions dans les 10ᵉ et 11ᵉ divisions. Le 12 août 1818, il fut créé gouverneur de la 5ᵉ division et

___

(1) Arch. de la Guerre ; dossier du général Soulham.

occupa ce poste jusqu'à la suppression des gouverneurs militaires (15 novembre 1830). Placé dans
le cadre de réserve, le 7 février 1831, il fut retraité
définitivement par ordonnance du 11 juin 1832.

CHAPITRE XIV

Pendant les loisirs que lui laissaient ses ins-
pections et son gouvernement, Souham revenait
avec plaisir dans ses propriétés du Limousin,
visitait ses amis de Lubersac et faisait d'assez
fréquents séjours dans sa terre de la Gourgauderie, près de Saint-Germain-les-Belles, où il tenait
un grand train de maison. C'est là qu'il reçut un
jour un de ses camarades de l'armée, chargé de
faire une enquête sur les menées anti-royalistes

de certains personnages de la Corrèze. Cette visite a donné lieu à la curieuse légende que voici : « En 1816, le général Souham s'était retiré à la Gourgauderie, propriété de sa famille, aux environs de Lubersac [1]. Un jour, il vit arriver chez lui le général X..., un de ses anciens compagnons d'armes, envoyé secrètement en Corrèze pour exécuter certaines mesures politiques. Le commissaire ne laissa pas ignorer à Souham l'objet de sa mission :

---

(1) Nous avons dit déjà que la Gourgauderie avait été achetée par le général Souham lui-même et ne lui provenait pas de sa famille ; cette propriété est située dans la Haute-Vienne, à 600 mètres du bourg de Saint-Germain-les-Belles et non pas aux environs de Lubersac.

Elle fut revendue, quelques mois après la mort du général, par ses héritiers. L'annonce de la vente, parue dans l'*Arédien*, journal de Saint-Yrieix, nous donne quelques renseignements précis sur les enfants survivants de Souham, sur la valeur de la propriété et les immeubles bâtis qui en dépendaient. L'adjudication eut lieu le 5 novembre 1837 « à la requête :

» 1° De Madame Marie-Joséphine Souham, épouse de M. Michel-Louis-Félix Ney, duc d'Elchingen, capitaine de cavalerie, officier d'ordonnance du Prince Royal, chevalier de la Légion d'honneur, et de mondit sieur Ney, duc d'Elchingen, pour l'autorisation de la dame son épouse, demeurant ensemble à Versailles, rue Saint-Louis, n° 28 ;

» 2° De M. Jean-Baptiste Souham adjoint à l'intendance militaire de Toulouse, demeurant en ladite ville (département de la Haute-Garonne) ;

» 3° De M. Henri Souham, capitaine au deuxième régiment de lanciers, en garnison à Vienne (département de l'Isère) ;

» 4° De M. Alexandre-Charles-Auguste Souham, capitaine instructeur au deuxième régiment de cuirassiers, en garnison à Amiens (département de la Somme) ;

» Madame la duchesse d'Elchingen et MM. Souham, agissant au nom et comme héritiers de M. le lieutenant-général Joseph, comte Souham, grand-croix de la Légion d'honneur, leur père, décédé en son domicile, à Versailles, le 28 avril 1837, mais sous bénéfice d'inventaire seulement. »

De la désignation des biens nous extrayons ce qui suit : « Maison principale de Gourgauderie, composée d'une cave, un cuveau, quatre appartements et deux offices au rez-de-chaussée ; neuf chambres ou cabinets au premier étage, et un grenier au-dessus ; deux écuries, il devait faire acte d'autorité dans le département, en prononçant des sentences de proscription contre les ennemis de la royauté ; et on lui avait particulièrement désigné M. Bedoch, comme s'étant compromis gravement pendant les Cent-Jours ; Souham était intimement lié avec Bedoch. Le commissaire ne connaissait pas le personnage contre lequel il devait sévir.

» Aussitôt Souham arrête une résolution. Le général X..., intrépide devant l'ennemi, n'était pas moins brave devant les produits du Johannisberg. Or, Souham avait précisément à la Gourgauderie un bon nombre de bouteilles rapportées en Corrèze des caves du roi de Hollande. Retenir le commissaire de Louis XVIII était donc chose facile, d'autant plus que Souham annonçait la ve-

---

des étables, des poulaillers, une grande et vaste grange avec étable et fenil ; deux beaux jardins potagers ornés d'un grand nombre d'arbres fruitiers de plusieurs espèces ; un troisième jardin bas ; une cour et airages ; le tout contenant 76 ares 60 centiares. »

Les autres bâtiments sont ainsi désignés : « Boulangerie, four, écurie, maison d'habitation pour le fermier... »

La contenance du domaine de la Gourgauderie était de 49 hectares 80 ares 70 centiares. L'adjudication eut lieu sur la mise à prix de 75,050 fr., en l'étude de Mᵉ Brejeat, notaire à Saint-Germain-les-Belles.

Nous avons fait connaître (p. 75, note 5), la descendance de la fille de Souham. Ses fils Henri et Alexandre sont décédés sans postérité. Son fils aîné, Jean-Baptiste, a porté, après la mort du général, le titre de comte ; il est décédé à Tours en 1882, sous-intendant militaire en retraite. De son mariage avec Mademoiselle Piguet est née une fille unique qui a épousé M. Philippe-Antoine Ving, conservateur des hypothèques. M. et Mᵐᵉ Ving ont eu deux filles : 1° Suzanne Ving, épouse de M. Francis Laloë, conseiller à la Cour d'appel de Riom ; 2° Madeleine Ving, décédée, épouse de M. Félix-Nicolas Renaud, capitaine du génie attaché à la chefferie de Vincennes ; elle est représentée par une fille mineure, Andrée.

nue prochaine d'un voisin qu'il avait mandé. Un matin, le voisin arrive. Souham le présente sous le nom de Barthélemy. Bon compagnon et franc buveur, Barthélemy fit aussitôt la partie du général X..., parvint à lui tenir tête et le conquit. Le lendemain, le général raffolait de Barthélemy et poursuivait, de concert avec lui, la guerre au Johannisberg du roi de Hollande. On semblait avoir oublié Bedoch. Un jour, Souham dit au commissaire :

— Es-tu toujours décidé à exiler Bedoch ?

— Certainement, répondit le général X..., réveillé en sursaut et rappelé à son devoir.

— Mais, malheureux ! reprit Souham, Bedoch c'est ton ami... c'est Barthélemy !

» Etonnement du commissaire ; embarras des trois compagnons. Que faire ?

— Si, à la place de Bedoch, observa Souham, on exécutait un autre ennemi de la royauté ?

» Bedoch proposa en holocauste M. Chirac, honnête avocat de Tulle, qui avait, disait-on, manifesté des sympathies à Napoléon [1].

» Le général X... approuva.

---

(1) L'arrêté d'expulsion fut pris, le 7 juin 1816, par M. de Rigny, préfet de la Corrèze, d'accord avec M. de Brons, délégué de la police. Il est ainsi motivé : « Chirac fils, avocat à Tulle, jeune homme dangereux par son influence sur les partisans de la Révolution, s'est mis en avant comme moteur des cris séditieux. Appuie les individus coupables de ce genre de délit. Renvoyé en surveillance à Libourne. » Comte de Seilhac. *Histoire politique du département de la Corrèze sous le Directoire, le Consulat, l'Empire et la Restauration*, p. 295.

» Et voilà, dit-on, comment M. Chirac fut exilé en 1816 à Libourne ; exil qui, du reste, fut de très courte durée [1]. »

L'anecdote est effacée aujourd'hui du souvenir des habitants de Saint-Germain-les-Belles. Le général Souham y est presque complètement oublié. Quelques anciens se rappellent sa haute taille, son bégaiement, le luxe de son service, la passion de sa femme pour le jeu. Ils n'ont rien retenu de sa manière de vivre ; ils ne peuvent donner aucun renseignement sur son intérieur, sur ses familiers, sur ses conversations. On ne parle jamais de lui à Saint-Germain ni à Lubersac ; l'éclat qu'il a jeté sur ces deux petites localités a passé sans laisser de trace. Pour retrouver sa physionomie, il est inutile de consulter ses compatriotes. C'est en étudiant ses portraits qu'on peut se rendre compte de ce qu'était ce rude soldat.

La figure allongée, des yeux clairs et bien ouverts, avec un regard chaud et décidé ; le nez assez long et légèrement busqué ; des lèvres arquées, un peu épaisses ; des cheveux sans apprêt, qui ondulaient naturellement, ramenés en avant sur le front haut et sur les tempes, venant rejoindre à l'oreille des favoris courts et perdus dans un grand faux-col ; les joues, les lèvres et le menton dé-

---

(1) Comte de Seilhac. *Hist. politique du départ. de la Corrèze*, pp. 300-301.

couverts ; une tête à la Louis-Philippe dans sa jeunesse, avec un caractère plus marqué de résolution ; une physionomie énergique, sans raideur ; la bonne humeur de l'homme heureux éclairant l'ensemble des traits ; tel était Souham à quarante ans [1]. Avec cela une taille de géant, six pieds au moins ; un corps svelte, agile, un entrain communicatif. Il avait toutes les qualités physiques du bon soldat. A la tête de sa division, au milieu de son état-major, dominant tout le monde par sa stature exceptionnelle ; aussi ferme dans son commandement [2] que paternel pour ses subordonnés ; dur à la fatigue et payant de sa personne ; on sentait en lui un chef [3]. Il ne lui a manqué qu'une conscience plus clairvoyante pour devenir un des héros de l'armée impériale.

Après les années de disgrâce, quand il eut reconquis à la pointe de son épée la faveur de Napoléon, à son retour d'Espagne, vers 1813, ses traits s'étaient un peu empâtés et sa figure s'était arrondie. Deux petits signes faisaient saillie sur

---

(1) Portrait en buste, vu de trois-quarts, tourné vers la droite, dans un ovale équarri. Gravure non signée, portant le n° 92 d'une série. (De notre collection).

(2) « Au siège de Nieuport, il donne un ordre au lieutenant Durand. Celui-ci, en sa qualité de volontaire, se considérant non comme soldat, mais comme citoyen armé, hésite à obéir, et finalement s'écrie : « Je proteste ! » A ce moment, il tombe, la mâchoire fracassée par une balle. — Eh bien, bou....bougre, proteste maintenant ! reprend Souham. » (*Les Bataillons de Volontaires*, par le comte de Seilhac, p. 263.)

(3) Voir notamment sa conduite au siège de Nimègue.

sa joue gauche. La chevelure, plus rare et plus longue, poussait encore des mèches frisées sur son front. Les favoris, toujours étroits, se séparaient mieux des cheveux. Sur son visage la fatigue avait creusé quelques rides. L'arc des lèvres s'était détendu. Malgré l'assurance du regard, l'œil moins vif donnait à la physionomie un air de calme et de froideur [1]. Le temps des prouesses, de la foi en l'avenir était passé. Comme presque tous les généraux de la Révolution, Souham commençait à se sentir gagner par la lassitude.

Enfin, dans la belle peinture d'Henri Scheffer, nous le voyons arrivé au terme de sa carrière. Il est septuagénaire. Le portrait a été fait après 1830. Revêtu du grand uniforme de lieutenant-général, Souham est représenté en buste. La dimension de cette partie de son corps permet de se faire une idée de l'ensemble de la personne, de la taille et de la vigueur extraordinaires de cet énorme soldat qu'on a appelé « le géant Goliath [2] ». Le visage n'est pas sensiblement altéré. A peine trace des anciens favoris. Les cheveux blancs, très clairsemés, sont ramenés sur le haut de la tête. Les yeux paraissent rapetissés par l'âge, mais ils conservent l'éclat du vieil or ; on voit que le feu

---

(1) Portrait en buste, vu de trois-quarts, le corps un peu tourné vers la gauche, à claire-voie. *Forestier sculp. Ambroise Tardieu direxit.* (De notre collection.)

(2) Arthur Chuquet. *Hondschoote,* p. 241.

intérieur n'est pas éteint. La figure accuse un fond
d'énergie peu commune, quelque chose de hautain
et d'inébranlable ; on y remarque un singulier
mélange de force, de grandeur militaire et de dé-
dain tranquille [1].

Après avoir vendu quelques-unes des propriétés
qu'il possédait en Limousin, vers la fin de 1832,
Souham se retira à Versailles et s'y établit pour le
reste de ses jours. Il n'avait conservé aucune atta-
che à Lubersac. Ses parents les plus proches
étaient morts ou avaient quitté le pays natal ; aucun des membres de sa famille n'y perpétuait son
nom. Ses enfants s'étaient dispersés ; son gendre,
le duc d'Elchingen, et ses fils portaient l'épaulette ;
sa nièce, Jeanne, fille de sa femme [2], qu'il aimait
et avait fait élever comme un de ses enfants, était
mariée. Sa fille et son gendre ne tardèrent pas à se
fixer près de lui. Le vieux général se créa ainsi à
Versailles un nouveau foyer, un centre d'affections.
Il avait échappé aux infirmités et conservait son
humeur joviale. Sa maison était hospitalière. La

---

(1) La copie du portrait de Souham par Henri Scheffer, que M. de
Vatry a donnée au Musée de Tulle, est l'œuvre de Mlle Angèle
Dubos. Au bas du cadre, dans un cartouche, a été gravée l'inscription suivante : « Le lieutenant général Souham Joseph, comte de
l'Empire, né à Lubersac (Corrèze) le 30 août 1760, mort à Versailles le 28 avril 1837. — Offert par son petit-fils, le lieutenant-colonel
baron de Vatry, au Musée de Tulle, 1890. » Nous avons dit plus haut
que Joseph Souham était né le 30 mai et non le 30 août 1760.

(2) Mlle Jeanne Despériez avait épousé M. Charles Spitz.

comtesse Souham, toujours accueillante, aimable et spirituelle, faisait, avec une distinction naturelle, les honneurs de son salon. Dans les réunions de la famille, on se plaisait à rappeler les souvenirs d'enfance, les années vécues en Limousin. Le colonel baron de Vatry nous écrivait, à ce sujet, en 1890 : « Ma mère, la duchesse douairière d'Elchingen, née comme mon grand-père à Lubersac, et que nous avons eu la douleur de perdre l'an dernier, était restée limousine du fond du cœur ; nous suivions son exemple en restant fidèles au pays, à la contrée où les plus âgés d'entre nous ont passé leur première jeunesse. »

Le général Souham ne devait plus revoir le Limousin. Il mourut à Versailles [1] le 28 avril 1837, et fut inhumé dans le cimetière Saint-Louis de cette ville, où une simple pierre plate rappelle son nom et les dates de sa naissance et de sa mort.

---

(1) Le général Souham habitait à Versailles la maison qui porte le nº 28 de la rue Saint-Louis. Après son décès, sa femme obtint une pension de 1,500 fr. et alla habiter à Paris, 35, rue de Londres.

APPENDICE

ÉTAT DES SERVICES
DU GÉNÉRAL SOUHAM

ETAT DES SERVICES

Du Comte SOULAM (Joseph), fils de Joseph et de Marie
Dandelix (1), né le 30 aout (2) 1760, a Lubersac (Corrèze),
marié, le 8 mai 1802 (3), a Anne-Rosalie Desperiez, décédé
a Paris, le 28 avril 1837 (4).

Enrôlé au 8° régiment de cavalerie, devenu le régiment des cuirassiers du roi, le	17 mars 1782.
Congédié à la fin de.	1786.
Elu lieutenant-colonel en 2° du 2° bataillon de volontaires nationaux de la Corrèze, le.	15 août 1792.
Lieutenant-colonel en 1er, le.	19 septembre 1792.
Général de brigade, employé à l'armée du Nord, le.	30 juillet 1793.
Général de division, le.	13 septembre 1793.
Commandant provisoire de la 24° division militaire (Belgique), le.	26 août 1796.
Maintenu dans ce commandement, le. . .	13 février 1797.

----

(1) Marie Dandaleix.
(2) Le 30 mai. Voir p. 3.
(3) Sur la date du mariage, voir p. 72.
(4) Nous avons dressé cet état au vu de deux certificats délivrés
par le ministère de la guerre, l'un à la date du 15 juin 1861, l'autre
à la date du 28 mai 1890, et en complétant l'un par l'autre.

A cessé ses fonctions et a été admis à
jouir du traitement de réforme par ar-
rêté du.......................... 9 septembre 1797.
Employé à l'armée de Mayence, le...... 16 août 1798.
Employé à l'armée du Danube, le....... 7 mars 1799.
Employé à l'armée du Rhin, le........ . 28 décembre 1799.
Admis au traitement de non-activité, le.. 23 septembre 1801.
Commandant la 20° division militaire en
remplacement du général Gardanne... 27 avril 1802.
Destitué par décret du................ 16 février 1804.
Remis en activité par décret du......... 16 mars 1807.
Employé à l'armée d'Italie, le......... 8 juin 1807.
Commandant la 2° division d'infanterie au
7° corps de l'armée d'Espagne, le..... 7 septembre 1808.
Passé, avec sa division, à l'armée de Ca-
talogne, le.......... ... . 8 février 1810.
Employé à l'armée d'Italie, le.......... 8 novembre 1810.
Employé à l'armée d'Allemagne, le... . 27 mars 1811 (1).
Commandant la 4° division du corps d'ob-
servation du Rhin, le............... 24 mai 1811.
Commandant la 3° division du corps d'ob-
servation de réserve à Pau, le....... . 3 juillet 1811.
Passé, avec sa division, à l'armée du Nord
de l'Espagne, le............... ...... 11 août 1811.
Passé à l'armée du Portugal, le......... 3 octobre 1812.
Général en chef, par intérim, de cette ar-
mée, le........... .... 4 octobre 1812.
Rentré en France, le.................. 29 novembre 1812.
Commandant la 8° division du 3° corps de
la Grande-Armée, le............... 17 janvier 1813.
Commandant en chef le 3° corps de la
Grande-Armée, le.................. 23 août 1813.
En congé de convalescence, le......... 7 novembre 1813.

----

(1) Ou le 28 mars, d'après l'état des services délivré le 15 juin 1861.

Commandant la 2e division de réserve à
Paris, le........................... 4 mars 1814.
Commandant le 6e corps de la Grande-
Armée, le........................... avril 1814.
Commandant la 20e division militaire, le.. 20 avril 1814.
Disponible, le....................... 21 mars 1815 (1).
Destitué, le......................... 3 avril 1815.
Commandant la 20e division militaire, le.. 21 juillet 1815.
Admis à la retraite en vertu de l'ordon-
nance du 1er août 1815, pension de 6,000
francs, par décision royale (n'en a pas
joui), le........................... 4 septembre 1815.
Mis en non-activité, le............... 2J septembre 1815.
Inspecteur général d'infanterie dans la
8e division militaire, le............ 18 août 1816.
Inspecteur général d'infanterie dans les
10e et 11e divisions militaires, le...... 27 avril 1817.
Gouverneur de la 5e division militaire, le 12 août 1818.
Disponible lors de la suppression des gou-
verneurs des divisions militaires, le... 15 novembre 1830.
Placé dans le cadre de réserve, le...... 7 février 1831.
Retraité par ordonnance du. .... 11 juin 1832.

Campagnes.

1792, 1793, 1794, 1795, 1796 et 1797, armée du Nord ; —
1798, 1799, 1800 et 1801, armées de Mayence, du Danube et
du Rhin ; — 1807, armée d'Italie ; — 1808 et 1809, armée d'Espagne ; — 1810, armées de Catalogne et d'Italie ; — 1811, en
Allemagne et en Espagne ; — 1812, Portugal ; — 1813, Saxe ;
— 1814, France.

Blessures

Blessé d'une balle à la tempe, le 20 février 1810, au combat

---

(1) Ou le 23 mars, d'après l'état des services délivré le 15 juin 1861.

de Vich en Espagne ; — blessé grièvement à la bataille de Leipzig, le 18 octobre 1813.

Décorations

Chevalier de la Légion d'honneur, le.....   11 décembre 1803.
Officier, le............................   30 novembre 1807.
Commandeur, le.......................   10 février 1810.
Grand-Officier, le....................   3 juin 1813.
Grand-Croix, le......................   1er mai 1821.
Grand-Croix de l'Ordre de la Réunion, le   3 avril 1813.
Chevalier de Saint-Louis, le...........   1er juin 1814.

Titre et Dotation

Comte de l'Empire et 10,000 fr. de rente annuelle sur la Westphalie, par décret du 19 mai 1810.

Nota. — Son nom est inscrit au côté nord de l'arc de triomphe de l'Etoile.

TABLE DES MATIÈRES

Chapitre IX. — L'armée de Portugal.

Chapitre X. — De Lützen a Leipsick.

DU MEME AUTEUR

Excursions limousines, I^{ro} série (Brive, Aubazine, Cornil, Tulle). — Tulle, Crauffon, 1871, 1 vol. in-8°. (Epuisé).

Excursions limousines, II° série (de Tulle à Ussel et à Eygurande). — Tulle, Crauffon, 1880, 1 volume in-8°.

Excursions limousines, III° série (d'Eygurande à Largnac), — Tulle, Crauffon, 1883, in-8°.

Restauration du Cloître de Tulle. (Notes historiques). — Tulle, Crauffon, 1873, brochure in-8°. (Épuisé).

Id. — 3° édition, dessins de M. E. Rupin et Note de M. Ph. Lalande. — Brive, Roche, 1879, in-8°.

Quelques Procès limousins devant le Parlement de Bordeaux. — Tulle, Crauffon, 1877, 1 vol. in-8°.

La Maison de Ségur, son origine, ses vicomtes. — Limoges, Chapoulaud frères, 1878, brochure grand in-8°.

Note pour servir à l'histoire de l'Imprimerie à Tulle. — Tulle, Crauffon, 1879, brochure in-8°.

La Maison de l'Abbé à Tulle, eau-forte de M. P. CAPPON. — Tulle, Bossoutrot, 1879, brochure in-4°.

L'Inondation de Saint-Roch à Tulle (16 août 1756). — Tulle, Crauffon, 1880, brochure in 8°.

La Numismatique limousine à l'Exposition universelle de 1878. — Limoges, Chapoulaud frères, 1880, brochure grand in-8°.

Notice bibliographique sur Eustorg de Beaulieu. — Tulle, Crauffon, 1880, brochure in-8°.

Une Ancienne Justice : la Cour d'Appeaux de Ségur. — Limoges, Chapoulaud frères 1880, 1 vol. grand in-8°.

Guillaume Sudre, cardinal limousin, avec portrait et eau-forte de M. E. RUPIN. — Brive, Roche, 1880, brochure in-8°.

Les Epitaphes du Cloître de Saint-Martin de Brive. — Tulle, Crauffon, 1881, brochure in-8°.

Jean-Joseph Dumons, peintre d'histoire (1687-1779). — Tulle, Crauffon, 1881, brochure in-8°.

Dissertation d'Etienne Baluze sur saint Clair, saint Laud, saint Ulfard et saint Beaumade. — Tulle, Crauffon, 1881, brochure in-8°.

Les Œuvres de Baluze, cataloguées et décrites. — Tulle, Crauffon, 1882, 1 volume in-8°.

Un Épisode de la Fronde en Province : Tentative de translation à Limoges du Parlement de Bordeaux. — Limoges, Chapoulaud frères, 1882, brochure in-8°.

Le Point de Tulle. — Tulle, Crauffon, 1882, brochure in-8°.

Liste des Châteaux du Diocèse de Limoges avant 1789, suivie d'une liste complémentaire par M. Gaston DE LÉPINAY. — Brive, Roche, 1882, brochure in-8°.

Le Château de Puy-de-Val, description et histoire, avec, dessin et chromolithographies. — Tulle, Crauffon, 1883, brochure in-8°.

Molière et les Limousins. — Limoges, Ducourtieux, 1883 brochure petit in-8°.

Id — 2° édition, augmentée. — Limoges, Ducourtieux, 1884, brochure in-8°.

Lettres inédites de Baluze à M. Melon du Verdier, publiées avec une Introduction et des notes. — Tulle, Crauffon, 1883, 1 vol. in-8°.

Complément des Œuvres de Baluze, cataloguées et décrites. — Tulle, Crauffon, 1884, brochure in-8°.

Les Anglais à Tulle; La Lunade. — Limoges, Barbou, 1885, brochure in-8°.

Les Bataillons de Volontaires du Limousin. — Limoges, Barbou, 1885, brochure in 8°.

Deux Lettres de Mascaron à Mlle de Scudéry. — Tulle, Mazeyrie, 1885, brochure in-8°.

Notes sur un Pontifical de Clément VI et sur un Missel dit de Clément VI, conservé à la bibliothèque de Clermont, — Tulle. Crauffon, 1885, brochure in-8°.

Le Tombeau du Cardinal de Tulle, à Saint-Germain-les-Belles. — Limoges, Ducourtieux, 1885, brochure in-8°.

Les Origines de Tulle. — Tulle, Crauffon, 1885, broch. in-8°.

Les Fortifications de Tulle, avec un plan. — Tulle, Crauffon, 1885 (2° édition, augmentée, 1886), brochure in-8°.

Notice bibliographique sur Pierre de Besse (faisant suite à Pierre de Besse, notice littéraire et biographique, par MM. Emile Fage et le docteur Longy). — Tulle, Crauffon, 1886, brochure in-8°.

Quelques Procès limousins aux Grands Jours de Poitou (1567-1635). — Limoges, Ducourtieux, 1886, br. in-8°.

Une Boutique de Marchand à Tulle au XVII° siècle. — Tulle, Crauffon, 1886, brochure in-8°.

Le Château ou Fort Saint-Pierre. — Tulle, Crauffon, 1886, brochure in-8°.

La Tour Prisonnière dite Tour de Maysse. — Tulle, Crauffon, 1886, brochure in-8°.

La Tour de la Motte. — Tulle, Crauffon, 1886, br. in-8°.

La Porte Chanac à Tulle, avec deux dessins. — Tulle, Crauffon, 1886, brochure in-8°.

La Place publique de Tulle. — Tulle, Crauffon, 1886, brochure in-8°.

Une Visite à Obazine en 1712. — Brive, Roche, 1886, brochure in-8°.

Un Atelier de Dentelles à Tulle au XVIII° siècle. — Tulle, Crauffon, 1887, brochure in-8°.

Le Collège de Tulle, avec un dessin et des pièces justificatives. — Tulle, Crauffon, 1887, brochure in-8°.

La Grande Maison de Loyac, avec deux dessins. — Tulle, Crauffon, 1887, brochure in-8°.

Notice sur les Travaux de M. Edouard Lamy de La Chapelle.
— Limoges, Ducourtieux, 1887, brochure in-8°.

La Cathédrale et le Cloître de Tulle, avec plusieurs dessins.
— Tulle, Crauffon, 1888, brochure in-8°.

Les Couvents d'Hommes à Tulle, avec un dessin. — Tulle,
Crauffon, 1888, brochure in-8°.

Les Couvents de Femmes à Tulle, avec un dessin. - Tulle,
Crauffon, 1888, brochure in-8°.

Un Jurisconsulte briviste : Antoine Mailher de Chassat. —
Brive, Roche, 1888, brochure in-8°.

Le Vieux Tulle, avec des dessins de MM. Ch. Bernard,
P. Cappon, G. Forestie•, E. Rupin, M. Soulié et J. Tixier.
— Tulle, Crauffon, 1888, un fort volume in-8°.

A. de Larouverade. — Limoges, Ducourtieux, 1889, brochure
in-8°.

Le Théâtre au Collège : Répertoire de M. H. Baju. — Limoges, Herbin, 1890, brochure in-8°.

François-Emile de Lansac, peintre d'histoire, de genre et de
portraits, 1803-1890. — Tulle, Crauffon, 1890, broch. in-8°.

Id. — 2° édition. — Tulle, V° Lacroix et Moles, 1890, brochure grand in-18.

Le Diocèse de la Corrèze pendant la Révolution, 1791-1801. —
Tulle, Crauffon, 1890, vol. in-18.

Petites Notes historiques. — Tulle, Crauffon, 1890 à 1896,
sept brochures grand in-18.

En Limousin, album de dessins, texte par René Fage. —
Limoges, Ducourtieux, 1891, in-4°.

Oleron, impressions de vacances. — Tulle, Crauffon, 1891,
un volume in 18.

*La Prise de Tulle et son occupation par l'armée du vicomte de
Turenne, 1585-1586.* — Tulle, Crauffon, 1891, un vol. in-8º.

*Etat des Etudes historiques et archéologiques dans le départe-
ment de la Corrèze.* — Caen, Delesque, 1892, broch. in-8º.

Les Etats de la Vicomté de Turenne. — Paris, Alphonse Picard et fils, 1894, 2 vol. in-8º.

*Pierre et Jean-François Guitard, Annet Bleygeat, maîtres-
imprimeurs.* — Limoges, vᵒ Ducourtieux, 1894, br. in-8º.

Alexandre Nourry-Grammont. — Limoges, vᵒ Ducourtieux,
1895, brochure in-8º.

*Dictionnaire des Médecins du Limousin (Corrèze et Haute-
Vienne) jusqu'à la fin du XVIIIe siècle.* — Tulle, Crauffon,
1895, 1 vol. in-8º.

*Etienne Bleygeat, François Varolles, maîtres-imprimeurs;
les frères Delbos, fondeurs en caractères.* — Limoges,
vᵒ Ducourtieux, 1895, brochure in-8º.

*Un Chapitre inédit de l'Histoire du Collège de Tulle, 1790-
1792.* — Tulle, Crauffon, 1896, brochure in 8º.

Wolpmann et Rossignol, Introduction de l'Imprimerie à Ussel.
— Limoges, vᵉ Ducourtieux, 1896, brochure in-8º.

Le Général Souham, 1760-1837. — Paris, Alphonse Picard et
fils, 1897, un volume in-8º.

Tulle, Imprimerie CRAUFFON, 397